Amazon Taschenbuch

Über das Buch

Geldanlage ist nicht nur was für Reiche. Im Gegenteil. Wir „Normalverdiener" müssen viel sparsamer mit unserem Geld umgehen, als ein Reicher. Je weniger Geld uns zur Verfügung steht, desto besser und gewinnbringender müssen wir damit wirtschaften! Und dies mit einem vertretbaren Risiko. „Zocken" können wir uns nicht leisten.

Sparen lohnt sich!

Heute mehr denn je. Auch in Zeiten der Niedrigzinsen.

Der Trick ist der **Zinseszinseffekt**.

Je früher Sie anfangen, desto besser für Sie!

Um sich in Zeiten der Niedrigzinsphase finanziell abzusichern und für den Ruhestand vorzusorgen muss jeder für sich Sorge tragen. Um es klar zu sagen: „Die gesetzliche Rente wird in Zukunft nur für die wenigsten ausreichen, um den gewohnten und gewünschten Lebensstandard fortzuführen." Glücklich ist, wer privat vorgesorgt hat.

Die Lösung für Sie lautet:

„Nehmen Sie Ihre Finanzen selbst in die Hand und investieren Sie langfristig in Aktienfonds und ETFs!"

Dabei möchte ich mit zwei Vorurteilen und Ängsten aufräumen:

1. Aktien und insbesondere Aktienfonds und ETFs sind über einen langen Zeitraum von mehr als 15 Jahren betrachtet, nicht risikoreicher als das altbekannte Sparbuch, aber wesentlich renditestärker!
2. Aktien und insbesondere Aktienfonds und ETFs sind nicht nur etwas für Reiche.
Im Gegenteil! Man kann heute schon mit 25,- EUR im Monat über einen Sparplan breit gestreut, d. h. risikominimiert, in Aktien und ETFs investieren. Das ist heutzutage im Rahmen des Internetbanking leichter als je zuvor.

Vergessen Sie den Bankberater. Sie müssen selbst tätig werden!

Für wen ist dieses Buch gedacht?

Mit meinem Buch „Mit 200,- EURO im Monat zur Million" richte ich mich an alle „Normalverdiener" jeglichen Alters, die täglich ihrer Arbeit nachgehen, aber angesichts der aktuellen Niedrigzinsphase mit Unbehagen in ihre finanzielle Zukunft und den Ruhestand blicken.

Welches Ziel verfolge ich?

Dieser Lesergruppe möchte ich das Rüstzeug an die Hand geben, auch mit monatlich geringem Aufwand, sich über die Zeit finanziell abzusichern und für den Ruhestand vorzusorgen.
Die „Jungen" profitieren dabei von dem Faktor „Zeit"; die „Älteren" von ihrem höheren Grundkapital.

Was erwartet Sie?

- Mit einem praxisbezogenen Beispiel zum **Zinseszinseffekt** möchte ich Ihnen die Augen öffnen und Sie von den unvorstellbaren Möglichkeiten dieses „Effektes" überzeugen. Sie werden nicht glauben, welche Summen über die Zeit angespart werden können. Dieser Effekt hat mich auch zum Titel „**Mit 200,- EURO im Monat zur Million**" dieses Buches inspiriert.

- Im Rahmen einer „Anlagestrategie" habe ich zwei Depottypen, ein „**renditeoptimiertes Depot**" und ein „**werterhaltendes Depot**" entwickelt, welche ich Ihnen vorstelle.

- Ergänzend zu meinen Ausführungen werden Sie konkrete Fondsvorschläge zu den verschiedenen Anlagegebieten finden.

- Zu guter Letzt zeige ich Ihnen an einem Praxisbeispiel, wie man ein Depot inklusive Depotkonto eröffnet und Wertpapiere kaufen und verkaufen kann. Selbstverständlich wird hier auch die Vermögensabsicherung mit Stopp Loss Limit-Kursen beschrieben.

Viel Spaß beim Lesen und viel Erfolg bei Ihrem Vermögensaufbau wünscht Ihnen

Ihr Mike Mac Money

Mike Mac Money

Mit 200,- EURO im Monat zur Million

Vermögensaufbau in der Niedrigzinsphase

Ein Plädoyer und eine Anleitung,
seine Vermögensplanung
selbst in die Hand zu nehmen

Danke!

Dieses Büchlein widme ich meinem befreundeten Ehepaar, welches durch den Verkauf Ihres Einfamilienhäuschens und der mit dem Verkaufserlös aufkommenden Frage „**Was machen wir jetzt mit dem vielen Geld?**" die Idee in mir weckten, mein „Finanzwissen" kurz, prägnant und für jeden verständlich zusammenzufassen.

Mein Dank gilt meiner Familie, besonders meiner Frau, die mir den Rücken freigehalten hat und mir dadurch die Zeit verschaffte, die ich zum Schreiben benötigte.

Auch meinen Testlesern möchte ich hiermit für die Zeit und die vielen Korrekturvorschläge danken.

Vielen Dank!

Sparen lohnt sich immer noch!

Viele Sparer werden aufgrund mangelnden Wissens in die Altersarmut getrieben.

Motivation

Wie komme ich dazu, ein Buch über Geldanlage zu schreiben?

Ein bekanntes Ehepaar hat die günstige Situation am Immobilienmarkt für sich genutzt, ihr Einfamilienhäuschen im Grünen zu einem guten Preis verkauft und ist in eine Mietwohnung in die Stadt gezogen, um schon jetzt, wie auch später im Ruhestand, von der besseren Infrastruktur zu profitieren.

Im persönlichen Gespräch, wie man denn nun das (kleine) Vermögen sinnvoll anlegen solle, fiel dann der Satz: „Was machen wir denn jetzt mit dem Geld? Es gibt ja doch keine Zinsen. Wir lassen es auf dem Giro-Konto liegen."

Dem musste ich vehement widersprechen!

Nur weil es bei Tagesgeld-, Festgeld- oder den klassischen Sparbucheinlagen keine bzw. nur noch geringe Zinsen gibt, heißt das noch lange nicht, dass man sein Vermögen nicht auch weiterhin gewinnbringend mit 6 % - 8 % Rendite im Jahr anlegen kann!

Allerdings muss man hierzu etwas mehr Risiko eingehen, als dies mit den oben genannten Festgeldanlagen der Fall ist. Diese Kröte muss man (leider) schlucken!

Das Geheimnis zu mehr Rendite liegt in der **Risikominimierung** durch eine **Anlage in Fonds** und **Diversifikation** (= Aufteilung), was so viel heißt, wie:

Wagen Sie sich an Aktien- und Immobilien-Fonds und verteilen Sie ihr Vermögen auf viele unterschiedliche Anlageklassen, sowie Branchen und Länder weltweit!

Deshalb rate ich auch strikt von einem Investment in Einzelaktien ab und empfehle stattdessen einen länder- und branchenübergreifenden Fonds-Mix.

Überall in meinem privaten Umfeld erlebe ich, wie das (hart) erarbeitete Einkommen mit vollen Händen wieder ausgegeben wird.
„Sparen lohnt sich nicht!" höre ich immer wieder, da es ja keine bzw. nur kleinste Zinsen auf der Bank gibt.
Volkswirtschaftlich mag die dadurch ausgelöste „Belebung der Binnennachfrage" ja sinnvoll und von Nutzen sein, aber für den einzelnen Bürger, der dadurch heute nichts für sein Alter bzw. den Ruhestand zurücklegt, wird dieses Verhalten erhebliche Folgen haben.
Verschlimmert wird die Situation noch dadurch, dass unser Rentensystem mit seinem Umlageverfahren aufgrund der verschobenen Altersstruktur heute schon kurz vor dem Kollaps steht und die gesetzliche Rente immer weiter reduziert wird.

Wer nicht für das Alter vorsorgt, wird im Ruhestand mit einer sogenannten „Grundsicherung" auskommen müssen – und zwar auch jene, die mehr als 30 Jahre regelmäßig gearbeitet und in das Rentensystem eingezahlt haben!

Im Ruhestand das Leben genießen und die Welt erkunden, kann man sich dann nicht leisten!

Deshalb habe ich mir zum Ziel gesetzt, mit diesem Büchlein aufzurütteln und in einfachen, sowie verständlichen Worten der weit verbreiteten Meinung „Sparen lohnt sich nicht" zu widersprechen.

Sparen lohnt sich immer noch!

Nur, dass wir nicht sparen, sondern investieren.

Auch heute (2020) ist es mit der richtigen Anlage möglich langfristig 6 % - 8 % Rendite (Zinsen) zu erwirtschaften!

Lassen Sie sich überzeugen!

Inhaltsverzeichnis

Über das Buch 3

Motivation 9

Vorwort 16

Teil 1: Vermögensaufbau trotz Niedrigzins Was man machen muss 18

Einleitung 18

1. Vermögensaufbau bzw. Vermögenserweiterung 20
   1.1 Der Zinseszinseffekt 21
   1.2 Anlageportfolio zum Vermögensaufbau, „wachstumsorientiertes" Aufbau-Depot 30
   1.3 Anlageportfolio zum Vermögenserhalt bzw. zur Vermögenssicherung 37

2. Aktien-Fonds und ETFs, Grundlagen 41

3. Wo kauft man einen Aktien-Fonds bzw. einen ETF? 51
   3.1 Depot und Wertpapierhändler (= Broker) 51
   3.2 Warum hat mir mein Bankberater noch nie ETFs empfohlen? 54

4. Aktien-Fonds und ETFs – In welche investiere ich? 57
   4.1 Aktien-Fonds und Aktien-ETFs 58
   4.2 Renten-Fonds und Renten-ETFs 59
   4.3 Immobilienfonds und Immobilien-ETFs, REITs 60
   4.4 Themen-Fonds und Themen-ETFs 61

5. **Konkrete Vorschläge an Fonds und ETFs zum Vermögensaufbau bzw. Vermögenssicherung**...............65

   5.1 wichtiger Hinweis 65

   5.2 Aktienfonds International bzw. ETFs für den MSCI World 66

   5.3 Aktien-Fonds und ETFs, Anlageschwerpunkt MSCI Emerging Markets 74

   5.4 Aktien-Fonds und ETFs, Anlageschwerpunkt Asien 76

   5.5 Aktien-Fonds und ETFs, Anlageschwerpunkt Europa und Deutschland 78

   5.6 Aktien-Fonds und ETFs, Anlageschwerpunkt USA und Technologie 84

   5.7 Aktien-Fonds und ETFs, Anlageschwerpunkt Japan 93

   5.8 Nachhaltige, umweltfreundliche und ethische Aktien-Fonds und ETFs (SRI) 96

   5.9 Konkrete Beispiele für Immobilienfonds und Immobilien-ETFs, sowie REITs 98

   5.10 Konkrete Beispiele für Anleihen und Rentenfonds /-ETFs 100

6. **Absicherung**..102

7. **Rebalancing = jährliche Überprüfung der Anlagestrategie** 108

8. **Konkreter Anlagevorschlag für ein Vermögen von 100.000,- EUR** 112

   8.1 Guthaben-Zinssatz von 0 % auf Festgeld und Tagesgeld 112

8.2 Konkrete Aufteilung der o. g. 100.000,- EUR 114

8.3 Anlagestrategie 119

Teil 2: Die praktische Umsetzung
Wie man es machen muss 121

9. Fondskauf konkret 121
   - 9.1 Eröffnung eines Depots 122
   - 9.2 In mein Depot / Extra-Konto einloggen 127
   - 9.3 Ein Wertpapier kaufen 130
   - 9.4 Ein Wertpapier verkaufen 140
   - 9.5 Absichern des Depots mit einer Stopp-Loss-Order ... 143
   - 9.6 Sparpläne 152
   - 9.7 Wo bekomme ich die Informationen her? 161

10. Gold 163
    - 10.1 Goldkauf 163
    - 10.2 Verkauf von Gold 166

11. Steuern 167

12. Schlusswort 170

13. Noch eine Bitte 172

14. Haftungsausschluss und Angaben nach § 34 b WpHG 173

15. Impressum 176

16. Quellenverzeichnis 177

17. persönlicher Büchertipp 178

Vorwort

Warum schreibe gerade ich einen Ratgeber über Vermögensanlage, wo ich als Ingenieur weder vom (Bank-) Fach komme, noch Betriebswirtschaft oder Volkswirtschaft studiert habe?

Zum einen beschäftige ich mich seit über 40 Jahren, seit ich mein Kommuniongeld in Australische Dollar (Staatsanleihen) gesteckt habe, hobbymäßig mit der Geldanlage. **„Je weniger Geld man hat, umso mehr muss man sich darum kümmern"** war immer mein Leitspruch und Ansporn, so dass ich durch Selbststudium und eigene Erfahrung im Laufe der Zeit einiges an Finanzwissen anhäufen konnte.

Zum anderen denke ich, dass meine eigene Vermögensentwicklung mit 13,17 % Wertsteigerung im Jahr über die letzten 15 Jahre Referenz genug ist, um mein Wissen und meine Erfahrung – auch negative mit Einzelaktien aus dem Bereich erneuerbarer Energien – an andere Geldanleger und Interessierte weitergeben zu können.

Jahr	2005	2006	2007	2008	2009	2010	2011	2012
Wertentwicklung eigenes Depot	38,33%	21,86%	24,14%	-27,91%	27,63%	24,78%	-3,08%	14,45%

Jahr	2013	2014	2015	2016	2017	2018	2019	Gesamt
Wertentwicklung eigenes Depot	11,09%	9,56%	11,07%	15,05%	8,41%	-1,18%	23,34%	13,17% p.a

Tabelle 1: Wertentwicklung eigenes Depot

Sie sehen, auch mich hat die Krise 2008 mit 28 % Verlust hart getroffen.

Trotzdem habe ich an der Investition in Aktien- und Immobilienfonds festgehalten und hatte die Verluste ca. 1,5 Jahre später wieder ausgeglichen.

Diese Entscheidung, trotz 28 % Verlust nicht aus dem Aktien-Fonds-Investment auszusteigen, war die beste Entscheidung meiner Anleger-Karriere.

Haftungsausschluss

Bitte beachten Sie den Haftungsausschluss nach § 34 b WpHG am Ende dieses Büchleins.

Teil 1: Vermögensaufbau trotz Niedrigzins

Was man machen muss

Einleitung

Im Nachfolgenden möchte ich zwei Möglichkeiten der Vermögensaufteilung beschreiben, welche, je nach Lebensphase, unser Leben begleiten sollten.

Den **Vermögensaufbau** bzw. die Vermögenserweiterung für die Altersstufe der „unter 50-jährigen" und den **Vermögenserhalt** bzw. die Vermögenssicherung für die „über 50-jährigen".

Bitte sehen Sie beide Vorschläge zur Vermögensanlage als das an, was sie sind: Als Vorschläge.

> **Es gibt nicht die perfekte Vermögensanlage, die universell für jeden zutrifft!**

Letztendlich muss jeder für sich selbst und unter Berücksichtigung seiner Risikoneigung, sowie seiner persönlichen Lebenssituation entscheiden, wie er sein Vermögen anlegt und verwaltet.

Dazu möchte ich mit diesem Büchlein eine kleine Hilfestellung geben und wenn ich „nur" bewirken konnte, dass ein Leser/eine Leserin innehält, über seine/ihre Vermögensziele nachdenkt und eine Strategie für die Zukunft entwickelt, hat sich mein Aufwand und die nachfolgenden Zeilen gelohnt.

Ziel dieses Ratgebers ist es, jedem Laien in Finanzfragen das Rüstzeug zu vermitteln, sein Vermögen mit wenig Aufwand und gutem Rendite-Sicherheits-Verhältnis über viele Jahre hinweg erfolgreich anzulegen.

ACHTUNG

➢ Beide Vorschläge einer Vermögensstruktur weiter unten im Buch verhindern nicht, dass die darin enthaltenen Anlagen bei einer wirtschaftlichen Krise oder gar bei einem „Crash" deutlich an Wert verlieren!

➢ Der Verlust sollte aber kleiner ausfallen, als eine unstrukturierte Anlage in „Hochrisiko-Papiere", zu denen ich auch Einzelaktien zähle, welche im schlimmsten Fall wertlos werden können. Ferner sollte eine Erholung nach einer Krise schneller und nachhaltiger erfolgen, als dies mit einem „Einzel-Aktien-Engagement" möglich ist.

➢ Was ich versprechen kann, ist, dass Sie mit beiden Vermögensstrukturen über einen längeren Zeitraum mehr Vermögen erwirtschaften bzw. erhalten werden, als wenn Sie ihr Geld nur auf einem Sparbuch „parken", oder – noch schlimmer – dem Konsum opfern würden.

1. Vermögensaufbau bzw. Vermögenserweiterung

„Man kann nicht in die Zukunft schauen,
aber man kann den Grund
für etwas Zukünftiges legen –
denn Zukunft kann man bauen."

Antoine de Saint-Exupéry

Im Rahmen des Vermögensaufbaus für junge Menschen, welche noch mehr als 30 Jahre bis zum Ruhestand vor sich haben, habe ich eine **Vermögensaufteilung** gewählt, welche, nach Abzug der Inflation, ca. **6 % - 8 % Rendite** erwirtschaftet.
UND das trotz des derzeitigen Zinsniveaus von 0 % auf Festgeld bzw. Tagesgeld!

Bevor ich Ihnen ein Anlageportfolio zum Vermögensaufbau vorschlage, möchte ich Sie erst einmal „abholen" und überzeugen, dass sich sparen lohnt.

Denn nur, wenn ich Sie überzeugen konnte, wie effektiv und genial der Zinseszinseffekt wirkt, den wir für unseren Vermögensaufbau nutzen, werden Sie mit Ausdauer sparen und regelmäßig Geld zurücklegen und dieses auch nicht anderen (Konsum-) Ausgaben opfern.

1.1 Der Zinseszinseffekt

Von Albert Einstein auch als das „Achte Weltwunder" bezeichnet.

Beispiel 1
Kai und Abel, Zwillingsbrüder aus Schwaben, haben erfolgreich mit 18 Jahren die Schule abgeschlossen und beginnen nun eine Ausbildung.
Kai hat schon mal was von Aktienfonds, Indexfonds und ETFs gehört und beschließt jeden Monat 200,- EUR in ETFs zu investieren. (*Was ein ETF ist, erkläre ich weiter hinten im Buch.*)
Er eröffnet ein Depot, legt einen Sparplan an und überweist sich selbst zu Beginn jeden Monats 200,- EUR auf sein Depotkonto mit dem er seinen Sparplan speist.
Damit sind für ihn die 200,- EUR weg und er bestreitet seinen Lebensunterhalt mit dem, was von seinem Einkommen übrig bleibt. Nach einiger Zeit hat er sich an die Situation gewöhnt und denkt überhaupt nicht mehr an die 200,- EUR, die monatlich von seinem Girokonto abgehen.
Der Sparplan läuft automatisch.

Abel hingegen genießt das Leben in vollen Zügen und denkt überhaupt nicht daran, Geld beiseite zu legen.

Nach 10 Jahren, mittlerweile 28 Jahre alt, sind beide erfolgreich im Berufsleben etabliert. Es wird Zeit, an Heirat, Familie, Haus und Kinder zu denken.

Kai hat bis heute (innerhalb von 10 Jahren) mit seinem thesaurierenden (= wiederanlegenden) **ETF-Sparplan MSCI World** eine Summe von **38.702,86 EUR** angespart **und dabei jährlich 9 % Rendite erwirtschaftet.**

9 % Rendite klingt erst mal viel. Aber: Über die letzten 50 Jahre (**1969 bis 2019**) entwickelte sich der **MSCI World** mit **11,85 % Rendite jährlich** (siehe Tabelle 4 in Abschnitt 5.2 weiter hinten)!

Um mehr Geld für Auto, Haus und Familie zu haben, entschließt er sich mit dem Sparen aufzuhören, lässt aber seine ETF-Anteile im Depot.

Abel hat mittlerweile begriffen, dass es ratsam wäre, etwas Geld für den Ruhestand beiseite zu legen und investiert ab nun auch 200,- EUR monatlich in den ETF-Sparplan, den sein Bruder ihm empfohlen hat. Dies zieht er über 39 Jahre bis zum Rentenalter von 67 Jahren durch.

Zum **Renteneintritt mit 67 Jahren** hat er somit **853.681,34 EUR** angespart.

Ganz schön viel! Da sage einer mal „Sparen lohnt sich nicht!"

Schauen wir nun, wie sich das Depot von Kai entwickelt hat.
Zur Erinnerung: Kai hat nur 10 Jahre lang, von seinem 18. bis zum 28. Lebensjahr gespart, und dann sein Depot 39 Jahre lang ruhen lassen.

Nach dieser Zeit hat sich der Wert seines Depots durch den Zinseszins-Effekt von **38.702,86 EUR** auf mehr als **1.1 Mio. EUR** erhöht, also fast **verdreißigfacht!**
Unglaublich oder?

	10 Jahre, Zinssatz = 9 %		
	Sparsumme	Zinsen	End-Kapital
Kai 10 Jahre 200,- €	24.000,00 €	14.702,86 €	38.702,86 €
Abel 39 Jahre 200,- €	---	---	---
Fiktiv 49 Jahre 200,- €	---	---	---
	39 Jahre, Zinssatz = 9 %		
	Sparsumme	Zinsen	End-Kapital
Kai 10 Jahre 200,- €	---	1.076.557,92 €	1.115.260,77 €
Abel 39 Jahre 200,- €	93.600,00 €	760.081,34 €	853.681,34 €
Fiktiv 49 Jahre 200,- €	---	---	---
	49 Jahre, Zinssatz = 9 %		
	Sparsumme	Zinsen	End-Kapital
Kai 10 Jahre 200,- €	24.000,00 €	1.091.260,77 €	1.115.260,77 €
Abel 39 Jahre 200,- €	93.600,00 €	760.081,34 €	853.681,34 €
Fiktiv 49 Jahre 200,- €	117.600,00 €	2.013.780,65 €	2.131.380,65 €

Tabelle 2: Zinseszins-Effekt bei 9 % Zinsen pro Jahr

Dadurch, dass Kai 10 Jahre früher mit dem Sparen angefangen hat, hat er nach insgesamt 49 Jahren durch den Zinseszins-Effekt mehr Kapital erwirtschaftet, als Abel, der „nur" 39 Jahre lang sein Geld arbeiten lassen konnte.

Das ist ja noch verständlich. Aber, bedenken Sie: Kai hat nur die ersten 10 Jahre lang 200,- EUR pro Monat gespart, während Abel über die gesamte Laufzeit von 39 Jahren 200,- EUR pro Monat zurückgelegt hat!

Das muss man sich mal vor Augen halten:

➢ Kai hat nur 10 Jahre lang 200,- EUR im Monat und dabei **24.000,- EUR gespart**.
Durch den Zinseszins-Effekt erhält er nach 49 Jahren **mehr als 1,1 Mio. EUR!**

➢ Abel musste 39 Jahre lang jeden Monat 200,- EUR zur Seite legen und hat damit über diesen Zeitraum **93.600,- EUR selbst angespart**.
Nach 39 Jahren erhält er bei gleichem Zinssatz wie Kai **853.681,34 EUR**.
Damit hat er beträchtliche **760.081,34 EUR an Zinsen** erwirtschaftet. Nicht schlecht.
Aber, das sind **261.579,43 EUR (1/4 Mio. EUR) weniger als Kai** zum Renteneintritt mit 67 Jahren erhält!
Und dafür hat er fast 4-mal länger die gleiche Sparrate zurückgelegt!

➢ **Das ist der Zinseszins-Effekt!**

Ich kann jungen Menschen nur empfehlen regelmäßig einen Teil ihres Einkommens in einen Aktienfonds- oder einen ETF-Sparplan zu investieren.
Und das so früh wie möglich!
Ab 25,- EUR im Monat kann man schon in einen Fonds- bzw. ETF-Sparplan investieren.
Als guter Anhaltswert hat sich eine monatliche Sparrate von ca. 20 % des eigenen Einkommens erwiesen. Wer mehr bei Seite legen kann, umso besser.
Die Zeit und der Zinseszins-Effekt arbeiten für Sie!

Sparplan	10 Jahre, Zinssatz = 9 %		
	Sparsumme	Zinsen	End-Kapital
25,- € / Monat	3.000,00 €	1.837,86 €	4.837,86 €
50,- € / Monat	6.000,00 €	3.675,71 €	9.675,71 €
100,- € / Monat	12.000,00 €	7.351,43 €	19.351,43 €
200,- € / Monat	24.000,00 €	14.702,86 €	38.702,86 €
Sparplan	20 Jahre, Zinssatz = 9 %		
	Sparsumme	Zinsen	End-Kapital
25,- € / Monat	6.000,00 €	10.697,17 €	16.697,17 €
50,- € / Monat	12.000,00 €	21.394,34 €	33.394,34 €
100,- € / Monat	24.000,00 €	42.788,69 €	66.788,69 €
200,- € / Monat	48.000,00 €	85.577,37 €	133.577,37 €

Tabelle 3: Zinseszins-Effekt bei Sparplänen mit 9 % Zinsen pro Jahr

Sparplan	Sparsumme	Zinsen	End-Kapital
	30 Jahre, Zinssatz = 9 %		
25,- € / Monat	9.000,00 €	36.768,59 €	45.768,59 €
50,- € / Monat	18.000,00 €	73.537,17 €	91.537,17 €
100,- € / Monat	36.000,00 €	147.074,35 €	183.074,35 €
200,- € / Monat	72.000,00 €	294.148,70 €	366.148,70 €
	40 Jahre, Zinssatz = 9 %		
Sparplan	Sparsumme	Zinsen	End-Kapital
25,- € / Monat	12.000,00 €	105.033,01 €	117.033,01 €
50,- € / Monat	24.000,00 €	210.066,01 €	234.066,01 €
100,- € / Monat	48.000,00 €	420.132,03 €	468.132,03 €
200,- € / Monat	96.000,00 €	840.264,05 €	936.264,05 €
	50 Jahre, Zinssatz = 9 %		
Sparplan	Sparsumme	Zinsen	End-Kapital
25,- € / Monat	12.000,00 €	279.727,55 €	291.727,55 €
50,- € / Monat	24.000,00 €	559.455,09 €	583.455,09 €
100,- € / Monat	48.000,00 €	1.118.910,19 €	1.166.910,19 €
200,- € / Monat	96.000,00 €	2.237.820,37 €	2.333.820,37 €

Tabelle 3: Zinseszins-Effekt bei Sparplänen mit 9 % Zinsen pro Jahr

Sie müssen nur durchhalten!

> Fangen Sie so früh wie möglich mit dem Sparen an und investieren Sie dieses Geld in einen Fonds- oder einen ETF-Sparplan!

Hätte Kai seine Sparplanaktivitäten nicht nach 10 Jahren eingestellt, sondern bis zum Rentenalter von 67 Jahre, also 49 Jahre lang weiter monatlich 200,- EUR gespart, könnte er sich zum Rentenstart über mehr als **2.1 Mio. EUR** freuen! Damit muss er sich über die Höhe seiner Rente keine Gedanken machen!

Trotzdem finde ich es erstaunlich, dass er damit gerade mal das Doppelte erwirtschaftet hat, als im ersten Szenario, wo er „nur" 10 Jahre lang anspart und anschließend sein Kapital für sich hat arbeiten lassen.

Das heißt aber auch, dass mit Fortschreiten des Sparplanes die monatliche Sparrate zu vernachlässigen ist. Das Kapital und die Zeit arbeiten für einen.

Junge Leute aufgepasst!

> ➢ **Legt in jungen Jahren so viel Geld wie möglich beiseite und lasst es für euch arbeiten!**
>
> ➢ **Auch eine Sparrate ab 25,- EUR im Monat ist sehr effektiv um für das Alter ein Vermögen aufzubauen.**
>
> ➢ **Die Zeit arbeitet für euch!**

Beispiel 2: **Josephspfennig, astronomische Entwicklung des Zinseszinses** (von Richard Price, 1772, Ökonom und Moralphilosoph)

Angenommen, Jesus' Vater Joseph hätte im Jahre 0 einen Cent für seinen Sohn auf der örtlichen Bank von Betlehem angelegt. Der Zinssatz beträgt 5 Prozent und es gilt das Gesetz des Zinseszinses. Was denken Sie, welchen Stand hat diese Einlage im Jahr 2000 erreicht?

Während das Kapital in den ersten 200 Jahren eher langsam wächst, zeichnet sich nach ungefähr 250 Jahren ein dramatischer Anstieg ab.
Im Jahr 300 haben Josephs Nachfahren bereits über **20.000,- EUR** auf dem Konto.

Das Vermögen steigt danach weiter extrem steil an. **Im Jahr 500 sind allein durch den Zinseszinseffekt 393 Millionen Euro erreicht.**
Um die Beträge ab dieser Marke für den menschlichen Geist fassbar zu machen, rechnen Ökonomen dann mit Erdkugeln aus Gold.

Um das Jahr 1500 ist aus dem einen Cent eine solche Erdkugel aus Gold geworden.
Durch das exponentielle (unbegrenzte) Wachstum sind Mitte des 18. Jahrhunderts bereits eine Million goldene Erdkugeln erreicht. Im 20. Jahrhundert dann eine Milliarde.
Im Jahr 2000 schließlich erreicht die Anlage von einem Cent im Jahr 0 einen Wert von
23.911.022.046.136.200.000.000.000.000.000.000.000.000,- Euro.

Zum Vergleich:

Hätte Joseph eine Anlagevariante mit einfachem Zins gewählt und sich die Zinsen jedes Jahr auszahlen lassen, hätte er im Laufe der 2000 Jahre gerade mal **einen Euro an Zinsen** erhalten!!!

> **Auch das ist der Zinseszins-Effekt!**

1.2 Anlageportfolio zum Vermögensaufbau, „wachstumsorientiertes" Aufbau-Depot

Nach dieser eindrucksvollen Vorstellung des Zinseszinseffektes im vorherigen Kapitel möchte ich Ihnen ein Anlageportfolio zum Vermögensaufbau vorstellen, welches renditeorientiert ausgerichtet ist.

Die darin vorgeschlagenen Anlageklassen können, bis auf das Eigenheim, auch mit kleinen Summen und/oder Sparplänen realisiert werden.

Wie weiter unten beschrieben, habe ich das Eigenheim aus der prozentualen Vermögensaufteilung herausgelassen, weil es aus vermögenswirtschaftlichen Gründen verschiedene Einstellungen zum Eigenheim gibt.

➢ Die Einen sehen das Eigenheim als ultimative Absicherung für den Ruhestand und genießen die Freiheit der „eigenen vier Wände";

➢ die Anderen bezeichnen das Eigenheim als „Renditekiller", weil man sich hierzu schon in jungen Jahren auf viele Jahre hin verschuldet und diese abbezahlen muss, bevor man daran denken kann, eigenes Vermögen aufzubauen.

Was dieser Verlust an Zeit und Zinseszins bedeutet, sollte durch die Beispiele im vorherigen Kapitel 1.1 klar geworden sein!

Es gibt nicht Wenige, die den Vermögensaufbau in jungen Jahren einer Verschuldung fürs Eigenheim vorziehen.

Allerdings gebe ich zu bedenken, dass der Eigenheimbesitzer mit jeder Tilgungsrate sein eigenes Vermögen mehrt, indem er die Schulden auf das Haus reduziert, wohingegen der „Vermögenssparer" parallel zu seiner Sparrate auch noch Miete bezahlen muss, die ihm Monat für Monat zum Vermögensaufbau fehlt.

Wo wir gerade dabei sind:
Die wichtigste Regel beim Vermögensaufbau lautet:

„**Machen Sie keine Schulden!**"

Sowie: „**Nehmen Sie niemals einen Kredit auf, oder leihen sich Geld, um damit in eine Geldanlage zu investieren**, sei sie auch noch so sicher und lukrativ!"

Sollten Sie Schulden haben oder z. B. einen Verbraucherkredit bedienen müssen, setzen Sie alles daran, diese zu tilgen.
Es gibt keine bessere Rendite als Schulden zu tilgen!

Ausnahme: Sie bedienen einen Immobilienkredit für ein Mietshaus, mit dessen Mieteinnahmen Sie die Kreditraten bezahlen.
Erst jetzt sollten Sie mit dem Vermögensaufbau beginnen.

Tilgen Sie erst Ihre Schulden, bevor Sie mit dem Vermögensaufbau beginnen!

„Wachstumsorientiertes" Aufbau-Depot

⇨ **Renditeorientiert**

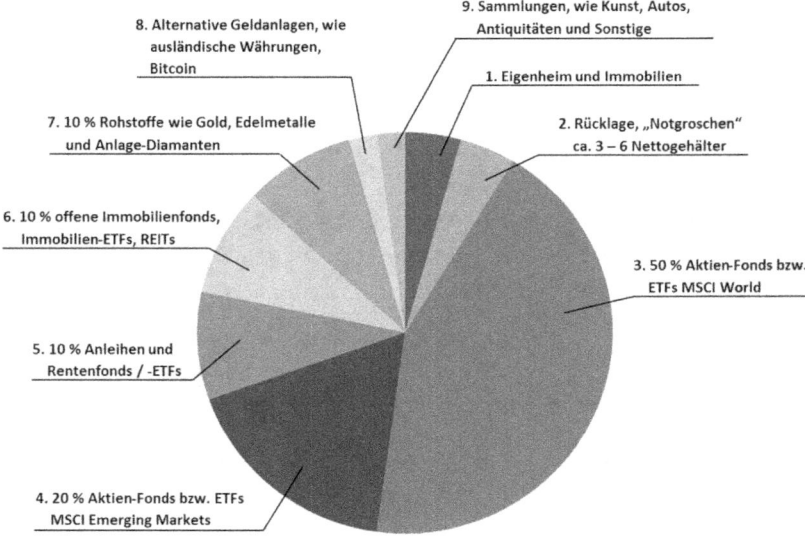

- 8. Alternative Geldanlagen, wie ausländische Währungen, Bitcoin
- 9. Sammlungen, wie Kunst, Autos, Antiquitäten und Sonstige
- 7. 10 % Rohstoffe wie Gold, Edelmetalle und Anlage-Diamanten
- 1. Eigenheim und Immobilien
- 2. Rücklage, „Notgroschen" ca. 3 – 6 Nettogehälter
- 6. 10 % offene Immobilienfonds, Immobilien-ETFs, REITs
- 3. 50 % Aktien-Fonds bzw. ETFs MSCI World
- 5. 10 % Anleihen und Rentenfonds / -ETFs
- 4. 20 % Aktien-Fonds bzw. ETFs MSCI Emerging Markets

Diagramm 1: Vermögensaufteilung renditeorientiert

Aufteilung der Vermögensklassen beim renditeorientierten Depot

1 = **Eigenheim und andere Immobilien**
 → Wird aus der prozentualen Vermögensaufteilung herausgelassen.

2 = **Rücklage, "Notgroschen" für Unvorhergesehenes**
 = 3 bis 6 Nettogehälter
 → Wird aus der prozentualen Vermögensaufteilung herausgelassen.

3 = **50 % Aktien-ETFs (Aktien-Fonds)**
 → Anlageschwerpunkt MSCI World

4 = **20 % Aktien-ETFs (Aktien-Fonds)**
 → Anlageschwerpunkt MSCI Emerging Markets

5 = **10 % Anleihen und Rentenfonds /-ETFs**

6 = **10 % offene Immobilienfonds, Immobilien-ETFs, REITs**

7 = **10 % Rohstoffe**, wie
 → Gold, physisch als Anlage-Barren oder Anlage-Münze
 → ETC XETRA-Gold
   Fonds mit physisch hinterlegtem Gold abgesichert
   ISIN: DE000A0S9GB0,   WKN: A0S9GB
 → ETC Lyxor Gold Bullion Securities
   Fonds mit physisch hinterlegtem Gold abgesichert
   ISIN: DE000A0LP781,   WKN A0LP78
 → andere Edelmetalle
 → Anlage-Diamanten

8 = X % **alternative Geldanlagen**, wie
→ ausländische Währungen,
→ Bitcoin,
→ Festgeld

9 = Y % **Sammlungen**, wie
→ Kunst
→ Autos
→ Antiquitäten und
→ sonstige Sammlungen

Hinweis:

➢ Von einem Investment in Einzelaktien rate ich ab! Im Abschnitt „**Warum empfehle ich Aktien-Fonds bzw. ETFs statt Einzel-Aktien?**" in Kapitel 2 begründe ich Ihnen warum.

➢ Je nach Markt- bzw. Wirtschaftslage und Zinssatz empfehle ich die Anlagen von Pkt. 5 „Anleihen und Rentenfonds /-ETFs" zu reduzieren und stattdessen die Anlagebereiche Pkt. 6 „offene Immobilienfonds, Immobilien-ETFs, REITs" und/oder den Pkt. 7 „Rohstoffe" aufzustocken.

➢ In die Anlagebereiche Pkt. 8 „alternative Geldanlagen" und Pkt. 9 „Sammlungen" kann investieren, wer sich auskennt. Dem „Normalanleger" rate ich ein Investment in „Sammlungen" ab. (Als Hobby sei dies natürlich jederzeit gestattet!)

Tipp:

In Deutschland und in den meisten europäischen Staaten gibt es eine staatlich garantierte Banken-Einlagensicherung von 100.000,- EUR pro Person und Bank.

Das heißt, wenn Sie mehr als 100.000,- EUR auf einer Bank liegen haben, sollten Sie sich Gedanken darüber machen, ein zweites Konto bei einer anderen Bank zu eröffnen und Ihr (Bar-) Vermögen gleichmäßig auf Ihre Konten verteilen. Das funktioniert auch bei deutlich mehr als 100.000,- EUR Barvermögen.

Der Clou ist nämlich: Der Staat hat keine Begrenzung der Anzahl der Banken, auf die man sein Barvermögen verteilen darf, vorgeschrieben.

Das heißt, jedes Konto (Festgeld-, Tages-, Giro- oder sonstiges Konto mit Bareinlagen) bei jeder Bank ist bis zu 100.000,- EUR pro Person staatlich abgesichert.

Für Gemeinschaftskonten beträgt die Sicherungssumme für Ehepaare (2 Personen) demzufolge 200.000,- EUR; für Gruppen entsprechend der Anzahl der Kontoinhaber mehr.

Aber **Achtung**:

Haben Sie auf **einer Bank** beispielsweise 180.000,- EUR auf einem Gemeinschaftskonto mit Ihrer Frau/Ihrem Mann und 50.000,- EUR auf einem Konto, welches nur auf Ihren Namen läuft, greift die staatliche Einlagensicherung nur bis zur Summe von insgesamt 200.000,- EUR für zwei Personen!

In diesem Fall sind 30.000,- EUR Ihres Einzelkontos nicht abgesichert.

Hätten Sie die o. g. 50.000,- EUR auf einem Einzelkonto bei einer anderen Bank angelegt, würde der Staat auch dieses Konto bis zu 100.000,- EUR schützen.

> Sie sollten also darauf achten, nie mehr als ca. 100.000,- EUR pro Person an Barvermögen bei einer Bank zu haben.

> Nutzen Sie die Möglichkeit Ihr Vermögen auf mehrere Banken zu verteilen.

Hinweis:

➢ Wie sicher die staatlich garantierte Banken-Einlagensicherung von 100.000,- EUR pro Person und Bank im Fall einer schweren Krise oder eines Banken-Crashs greift, kann ich nicht sagen. Ich halte es nicht für realistisch, dass dieses Versprechen bei einer wirklich heftigen Krise bzw. eines weltweiten Crashs eingehalten werden kann.
Ich persönlich rechne mit einer deutlichen Reduzierung, wenn nicht sogar einer Abschaffung dieses Sicherheitsversprechens, sollte es hart auf hart kommen.

➢ Aktien und damit auch Aktien-Fonds, ETFs und Immobilien-Fonds, -ETFs und REITs (die Erklärung dieser Anlageformen folgt umgehend weiter unten im Kapitel 2) sind Sondervermögen.
Das heißt, sie werden nicht dem Barvermögen zugeordnet und fallen daher nicht unter die 100.000,- EUR Sicherungsgrenze.
Sollte die Bank, bei der Sie Ihre Wertpapiere gelagert haben zusammenbrechen und Insolvenz anmelden, ist Ihr Depot geschützt und wird einfach einer anderen Bank übertragen.

1.3 Anlageportfolio zum Vermögenserhalt bzw. zur Vermögenssicherung

⇨ „werterhaltendes" Sicherheits-Depot

Diejenigen, die sich schon ein gewisses Vermögen erarbeitet oder geerbt haben, bzw. nicht mehr lange bis zum Ruhestand benötigen, rate ich zu einer Umschichtung der Vermögenssituation von „renditeorientiert" zu „werterhaltend", um einen möglichen Verlust in einer weltwirtschaftlichen Krisensituation zu minimieren.

„werterhaltendes" Sicherheits-Depot

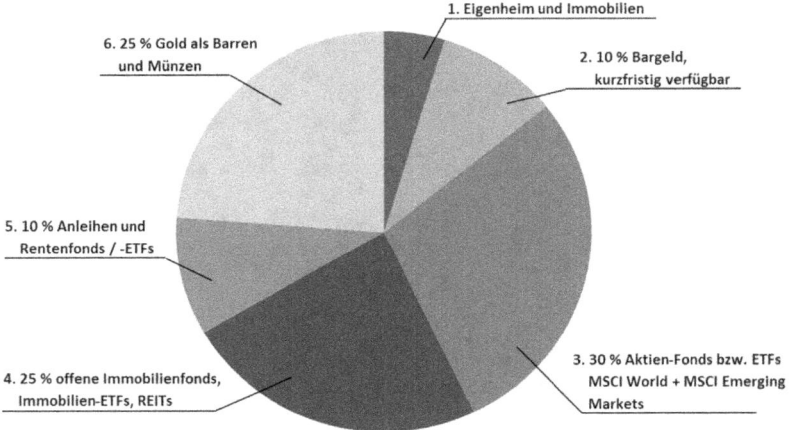

Diagramm 2: Vermögensaufteilung sicherheitsorientiert

Aufteilung der Vermögensklassen beim sicherheitsorientierten Depot

1 = **Eigenheim und andere Immobilien**
→ Besonderer Status;
→ Wird aus der prozentualen Vermögensaufteilung herausgelassen.

2 = **10 % Bargeld**, kurzfristig verfügbar
→ Gelagert auf einem Tagesgeld- bzw. Girokonto oder bar zu Hause.

3 = **30 % Aktien-ETFs (Aktien-Fonds)**
→ 70 % Anlageschwerpunkt MSCI World
→ 30 % Anlageschwerpunkt MSCI Emerging Markets

4 = 25 % offene Immobilienfonds, Immobilien-ETFs, REITs
5 = 10 % Anleihen und Rentenfonds /-ETFs
6 = 25 % Gold
  → physisch als Anlage-Barren oder Anlage-Münze

Hinweis:

➢ Von einem Investment in Einzelaktien rate ich ab! Im Abschnitt **„Warum empfehle ich Aktien-Fonds bzw. ETFs statt Einzel-Aktien?"** in Kapitel 2, begründe ich Ihnen diese Empfehlung.

➢ Obwohl in der aktuellen Null-Zins Phase **Anleihen und Rentenfonds /-ETFs** nur sehr geringe Zinsen abwerfen, ist diese Anlageform doch ein wichtiger Baustein, um sein Depot zu stabilisieren. Zuletzt gesehen in der „Corona-Krise", wo selbst Gold an Wert verlor, weil sich die Finanzinvestoren Geld (Liquidität) beschaffen mussten.

➢ Die Anlageklasse **„Rohstoffe"** habe ich komplett durch **„Gold"** ersetzt.

Hierbei empfehle ich physisches (= körperlich greifbares) Gold als Anlage-Barren oder Anlage-Münze zu Hause oder in einem Bank-Schließfach in unterschiedlicher Stückelung zu halten. Von einer Anlage in Gold-ETCs, wie im Pkt. 7 des renditeorientierten Depots empfohlen, rate ich zur Vermögenssicherung ab. Bei der Vermögenssicherung zählt nur das Gold, das man im Falle einer Krise auch greifbar in den Händen halten kann.

Gold zeigt sich bei Krisen sehr wertstabil und kann gegen jedes beliebige Produkt oder eine Dienstleistung eingetauscht werden. Die Kaufkraft von Gold ist über alle Jahrhunderte nahezu konstant geblieben.

- Aktien und Immobilien verlieren in einer Krise zwar an Wert, evtl. sogar dramatisch, steigen aber während der Erholung auch wieder relativ schnell im Wert.
  In der Vergangenheit sind überwiegend Besitzer von Gold, Aktien und Immobilien gestärkt aus den Krisen hervorgegangen, während der „Sparer" die Zeche bezahlen durfte.
- Um in einer Krise günstig kaufen zu können, haben wir 10 % Bargeld kurzfristig verfügbar zurückgelegt.
- Die Anlagebereiche Pkt. 8 „**alternative Geldanlagen**" und Pkt. 9 „**Sammlungen**" aus dem renditeorientierten Portfolio habe ich aus dem sicherheitsorientierten Portfolio herausgenommen.
  Wer sich auskennt und in „alternative Geldanlagen" oder „Sammlungen" investiert ist, kann natürlich diese Anlagen weiterhin pflegen. Dem „Normalanleger" rate ich ein Investment in „alternative Geldanlagen" und „Sammlungen" ab.

2. Aktien-Fonds und ETFs, Grundlagen

Was ist eine Aktie?

➢ Eine **Aktie** ist ein Anteilsschein an einer Aktiengesellschaft (AG), der entsprechende Mitgliedschaftsrechte verbrieft. Die Aktie dient der AG zur Beschaffung von Eigenkapital. Man unterscheidet Inhaberaktien, Namensaktien, Vorzugsaktien und Stammaktien.

Mit einer Anlage in Aktien werden u. a. folgende Ziele verfolgt:

- langfristig Ertrag bringende **Kapitalanlage** durch Sachwertsteigerung und Dividendenausschüttung;
- **Sachwert**beteiligung zur Vermeidung von Geldwertverlusten (z. B. Vermeidung von Negativzinsen auf hohe Geldbeträge; Inflationsausgleich bei Niedrigzinsen);
- Gewinnerzielung über Kauf und Verkauf im Rahmen einer **Spekulation** und
- **Einflussnahme** auf die Geschäftspolitik der AG bei Großanlegern bzw. institutionellen Anlegern.

Eine **Dividende** ist eine Gewinnausschüttung der Aktiengesellschaft an ihre Anteilseigner (= Aktienbesitzer) ähnlich wie eine Zinszahlung bei Geldanlagen.
Eine Dividende kann, muss aber nicht ausgeschüttet (= ausgezahlt) werden.

Um Einzelaktien, aber auch andere Wertpapiere wie Aktienfonds, ETFs, Immobilien-Fonds, u. a., international an den Börsen dieser Welt handeln zu können, ist jedem Wertpapier eine sogenannte **ISIN** zugeordnet.

Diese ISIN (Internationale Wertpapierkennnummer, engl.
International Securities Identification Number) ist eine weltweit
gültige Identifizierungs-Nummer, durch die jedes
börsengehandelte Wertpapier eindeutig zugeordnet wird.
Die ISIN setzt sich aus einer zwölfstelligen Zahlen-Buchstaben-
Kombination zusammen und ist in der Norm ISO 6166 festgelegt.

In Deutschland geläufig und durch die geringere Anzahl an
Zeichen einfacher zu handhaben als die ISIN ist die sechsstellige
WKN (= Wertpapier-Kenn-Nummer).
Auch sie besteht aus einer Zahlen-Buchstaben-Kombination und
dient zur Identifizierung von an deutschen Börsen gehandelten
Wertpapieren.
Eine gültige **ISIN und WKN** ist die Voraussetzung für Wertpapiere,
um an den deutschen Börsen gehandelt werden zu können.

Was ist ein Aktien-Fonds?

> Ein Aktienfonds ist ein „Warenkorb", bei dem ein
> Fondsmanager mit dem eingesammelten Geld vieler Anleger
> eine größere Menge an Aktien (= Einzelunternehmen) in einen
> Investmentfonds zusammenlegt.
> Jeder Anleger erhält abhängig von der Höhe seiner Beteiligung
> Anteilsscheine von diesem Aktienpaket = Fondsanteile.

Vorteil:

Durch das gemeinsame Kaufen vieler einzelner Aktien-
Unternehmen wird das Anlagerisiko bei einem Ausfall (Insolvenz)
eines Unternehmens deutlich reduziert!

Wenn z. B. von 100 Unternehmensbeteiligungen eine AG (= **A**ktien-**G**esellschaft) wegen Zahlungsunfähigkeit ausfällt, gleicht die Wertsteigerung der verbleibenden 99 Aktien-Unternehmen diesen Verlust aus.
Hätte man sein Geld nur in das eine bankrotte Unternehmen gesteckt, wäre es verloren.
Diese Verteilung auf viele verschiedene Unternehmen nennt man **Diversifikation**.

Aktienfonds gibt es in unzähliger **Zusammensetzung**
- als reinen Aktienfonds (100 % Aktienanteil),
- als Mischfonds, bei dem Anlageklassen wie z. B. Anleihen, Renten, Immobilien, Rohstoffe u. a. beigemischt werden, und auch
- als Dachfonds, die wiederum verschiedene Fonds zu einem Dachfonds zusammenfassen.

Interessanter und auch ertragreicher sind Aktienfonds, welche nach
- **geographischen Regionen und Länder**, z. B. weltweit (global), Emerging Markets, Asien, USA, Europa, usw. oder
- **wirtschaftlichen Branchen-Bereichen**, wie z. B. Technologie, Pharma, Chemie, Banken, Versicherung, Umwelt, Rohstoffe usw. zusammengefasst sind.

Zu erwähnen ist noch, dass man neben der Zusammensetzung des Aktien-Fonds diese auch nach der Art und Weise der Ertragsverwendung einteilt.

Hier unterscheidet man in **„thesaurierende"** (= alle erwirtschafteten Gewinne und Einnahmen z. B. Dividenden werden direkt dem Fonds wieder zugeführt und angelegt) und **„ausschüttende"** Fonds (= alle erwirtschafteten Gewinne und Einnahmen z. B. Dividenden werden dem Anteilseigner, also Ihnen, gutgeschrieben).

Was ist ein Renten-Fonds?

➢ Ein Rentenfonds ist, wie der Aktienfonds, ein „Warenkorb", bei dem ein Fondsmanager mit dem eingesammelten Geld vieler Anleger eine größere Menge an Rentenpapieren (= Festgeldanlagen) in einem Investmentfonds zusammenlegt.

➢ **Renten** sind **Festgeldanlagen**, welche
- während ihrer gesamten Laufzeit einen unveränderlichen Zins haben, als auch
- variabel verzinste Wertpapiere mit fester Laufzeit.

Die Anlage in festverzinsliche Wertpapiere gilt als vergleichsweise konservative und sichere Geldanlage, da das Zinsausfallrisiko sehr gering ist.

Diese **Renten** (= **Festgeldanlagen**) werden auch unter den Namen **Anleihen, Bonds, Pfandbriefe, Schuldverschreibungen, Wandelanleihen, Optionsanleihen, Gewinnobligationen** und als **Genussscheine** angeboten.

Bei den **Anleihen** unterscheidet man noch in **Staatsanleihen** und **Unternehmensanleihen.** Letztere sind in der Regel etwas risikoreicher als die Staatsanleihen, da ein Unternehmen eher zahlungsunfähig werden kann, als ein ganzer Staat. Dafür sind die gebotenen Zinsen auch etwas höher. Auch bei Rentenpapieren gilt: Je höher der gebotene Zinssatz, desto höher das Risiko für uns Anleger.

Vorsicht:

Auch Staatsanleihen können ausfallen, wenn einem Staat Schulden erlassen werden!
Bestes Beispiel: Griechenland im Jahr 2012.

Warum empfehle ich Aktien-Fonds bzw. ETFs statt Einzel-Aktien?

Ein Investment in Einzelaktien birgt ein erhebliches Risiko, Verluste oder im schlimmsten Fall sogar einen Totalverlust bei Insolvenz „seines" Aktienunternehmens zu erleiden.

Beim Besitz von Einzelaktien ist die gesamte Investitionssumme und somit das Risiko, diese zu verlieren, nur auf einem Unternehmen (Aktie) gebündelt.

Sollte dieses Unternehmen in wirtschaftliche Schieflage geraten, trägt man als Miteigentümer, denn nichts anderes ist man als Aktienbesitzer, alle Verluste mit.

Dies kann sehr schnell geschehen:

- ➤ Ändert sich der Markt oder nur das Kaufverhalten der Kunden bzgl. der Produkte dieses Unternehmens (z. B. Trends, Mode, Umweltbewusstsein usw.) werden weniger Produkte verkauft und der Wert des Unternehmens sinkt (der Aktienkurs fällt).

- Etabliert sich ein erfolgreicher Wettbewerber am Markt, müssen die Preise der Produkte „unseres" Unternehmens reduziert werden, um wettbewerbsfähig zu bleiben und die Kunden zu halten. Der Gewinn und damit der Wert des Unternehmens sinkt (der Aktienkurs fällt).

- „Verschläft" das Unternehmen eine Entwicklung und verliert an Innovationskraft, verlieren die Produkte am Markt an Attraktivität, der Gewinn und damit der Wert des Unternehmens sinkt (der Aktienkurs fällt). So geschehen bei dem Mobilfunkhersteller Nokia. Einst stolzer Marktführer, heute ein Nischenproduzent. Das gleiche ist den großen Foto und Fotoapparateherstellern passiert, die den Trend zur Digitalisierung verschlafen haben.

- Hat man in ein Top Einzelunternehmen investiert, aber die gesamte Branche gerät in Bedrängnis (siehe Dieselskandal, Bankenkrise, Immobilienkrise, u. a.) fallen die Aktienkurse pauschal über alle Unternehmen dieser Branche.

- Des Weiteren ist die Auswahl geeigneter Einzelunternehmen (= Aktien) für unser Portfolio (Depotbestand) sehr zeit- und wissensaufwändig, möchte man die Einzelunternehmen betriebswirtschaftlich untersuchen, bewerten und einordnen. Dabei sollten einem die englischen Fachbegriffe eines Geschäftsberichtes geläufig sein.

Alle diese Nachteile können Sie minimieren, indem Sie über viele Branchen und Länder gestreut (= diversifiziert) in weltweite (globale) Aktienfonds oder ETFs investieren.

Bis auf eine vage Chance eines großen Aktiengewinns, wie es zugegebenermaßen mit Aktien von Apple, Amazon, Google und Co. möglich war und evtl. sogar noch immer ist, bietet ein Invest in Einzelaktien überwiegend Risiken.

Sollten Sie dennoch mit der Chance und/oder dem Nervenkitzel eines Einzelinvestments in Aktien liebäugeln, rate ich Ihnen aktuelle und langfristige Trends, wie z. B. Digitalisierung, Anbindung an das Internet, Robotik, künstliche Intelligenz, fortschreitende Alterung der Gesellschaft usw. und die Nahrungsmittelindustrie, als auch den Gesundheitssektor („gegessen und gestorben wird immer"), zu berücksichtigen.

Was ist ein ETF / ETC?

➢ ETF steht für "Exchange Traded Fund" und bedeutet „börsengehandelter (= Exchange Traded) Indexfonds (= Fund)". Bei einem **ETF** gibt es keinen Fondsmanager, der „Aktienpakete" in einem Fonds zusammenfasst um eine möglichst hohe Rendite zu erwirtschaften, sondern ein „Computerprogramm" kauft nur die Aktien und gewichtet sie auch so, wie sie in einem **Index** zusammengefasst sind.

Ein **Aktien-Index** ist eine Kennzahl für die Kursentwicklung des Aktienmarktes insgesamt und/oder einzelner Aktiengruppen. Ein Aktienindex soll den Kapitalanlegern eine Orientierungshilfe für die Tendenz am Aktienmarkt bieten.
Er errechnet sich aus der Entwicklung der Aktiengesellschaften, die im jeweiligen Index enthalten sind.
Aktienindizes gibt es als Kursindex und als Performance-Index.
Wichtige Aktienindizes sind der **DAX** in Deutschland, **STOXX** in Europa, **Dow Jones** und **S&P 500** in den USA, sowie der **Nikkei** in Japan und der **SSE Composite** in China.

Betrachtet man die Kurve eines Index kann man auf einen Blick die aktuelle wirtschaftliche Situation, als auch den Verlauf (leider nur rückblickend) erfassen und entscheiden, Aktien, Fonds oder ETFs zu kaufen oder auch zu verkaufen.

Interessant sind ETFs für uns, weil nachgewiesenermaßen die meisten Fondsmanager es nicht schaffen, Aktien-Fonds zusammenzustellen, die besser laufen (an Wert gewinnen) als der reine Index der am Markt gehandelten Aktien.

Somit können wir Kleinanleger kostengünstig, ohne einen teuren Fondsmanager bezahlen zu müssen, auf die Entwicklung eines Index (oder auch eines Marktes, welcher von einem Index abgebildet wird) setzen und in ETFs investieren.

Hierbei gibt es eine Vielzahl an Indizes welche sich nach Länder oder Branchen unterscheiden.

Wie bei Aktien-Fonds hat man auch bei den ETFs die Wahl von thesaurierenden (wieder anlegenden) und ausschüttenden Fonds.

Auch in Rohstoffe oder Immobilien kann über ETFs investiert werden.

Dann heißen sie **ETC**s (**E**xchange **T**raded **C**ommodities = börsengehandelte Güter oder Waren) und **REIT**s (**R**eal **E**state **I**nvestment **T**rust = Immobilien Investment-Gesellschaft).

Vorteile der ETFs gegenüber Aktien-Fonds

+ **Transparenz**
Da der Kurs bzw. die Nachbildung sich nach einem Index richtet, welcher eindeutig definiert ist, ist die Zusammensetzung der ETFs in der Regel bekannt.

+ **Breite Streuung (Diversifikation)**
 Durch die Nachbildung kompletter Märkte, Branchen oder Regionen wird das Risiko durch Ausfall einzelner Unternehmen, Branchen oder Regionen reduziert.

+ **Geringe Kosten**
 von ca. 0,2 % - 0,8 % Gesamtkosten (**TER** = Total Expense Ratio = Gesamtkosten Quote) im Jahr erhöhen die Rendite der Anlage.
 Die TER beinhalten alle Kosten des Fonds, wie z. B. das (computergeführte) Fondsmanagement, Wirtschaftsprüfung und Kauf- bzw. Verkaufskosten zur laufenden Index-Anpassung des Fonds.
 Zum Vergleich: Bei Aktienfonds belaufen sich die jährlichen Gesamtkosten (TER) auf
 ca. 1 % - 3 % zzgl. eines Ausgabeaufschlages von ca. 2 % - 5 % beim Kauf eines Fonds-Anteils.

+ **Bessere Performance**
 Obwohl die Indexnachbildung „nur" einem Durchschnitt folgt, zeigen Untersuchungen, dass langfristig die Performance von ETFs besser ist als die von aktiv gemanagten Aktienfonds!

+ **Laufender Börsenhandel**
 Sorgt für **hohe Liquidität und Flexibilität**, da die ETF-Anteile jederzeit gekauft und verkauft werden können.

HINWEIS:

Aktien-Fonds und ETFs sind „Sondervermögen"!
Das ist positiv und bedeutet, dass die Aktien- und Fondsanteile bei einer Pleite der Fondsgesellschaft oder der betreuenden Bank nicht zur Insolvenzmasse gehören und damit auch nicht zur Tilgung der Schulden derselben herangezogen werden dürfen.

Geht eine Fondsgesellschaft oder Bank Pleite, werden unsere Aktien- und Fondsanteile einfach in ein Depot einer anderen Bank oder Fondgesellschaft unter unserem Namen eingebucht. Wir Anleger haften also nicht für das Missmanagement der verwaltenden Fondsgesellschaft oder Bank.

3. Wo kauft man einen Aktien-Fonds bzw. einen ETF?

3.1 Depot und Wertpapierhändler (= Broker)

➢ Aktien-Fonds und ETFs werden an der Börse gehandelt, d. h. gekauft und verkauft.
Hierzu benötigen wir einen Wertpapierhändler (Depot) und ein Verrechnungskonto auf das der Wertpapierhändler zugreift.
Beides wird von den meisten Filialbanken und, meistens deutlich kostengünstiger, von Online-Banken und Online-Broker (= Wertpapierhändler) angeboten.
Man muss also ein Depot und ein Verrechnungskonto bei einer Bank oder einem Broker eröffnen, um Aktien, Aktien-Fonds, ETFs, Anleihen und andere Wertpapiere handeln zu können.

➢ Dabei empfehle ich, unbedingt die Kosten zu vergleichen!
Hier gibt es große Unterschiede, wobei Online-Banken (ING-DiBa, DKB, u. a.) und Online-Broker (Onvista, Flatex, u. a.) meistens die kostengünstigere Alternative zur Filialbank bieten.

Folgende Merkmale zur Auswahl eines Depots bei einer Bank bzw. einem Wertpapierhändler (Broker) halte ich für wichtig:

+ **Kostenloses Depot (ohne Wenn und Aber)**
Meiden Sie Anbieter, welche ein kostenloses Depot an Bedingungen knüpfen, wie Mindestanlagesumme, Mindestanzahl an Kauf- oder Verkaufsaufträgen, monatlicher Gehaltseingang oder ähnliches!

+ **Günstige Handelsgebühren (= Transaktionskosten)**
  für den Kauf und Verkauf von Aktien, Fonds, ETFs und anderen Finanzprodukten.

+ **Kostenlose Beauftragung und Löschung von Kauf-, Verkauf-, Stopp Loss und sonstigen Ordertypen**

+ **Keine Negativzinsen**
  auf das Guthaben- bzw. Verrechnungskonto.

+ **Deutsche Einlagensicherung**
  von mindestens 100.000,- EUR pro Person.

+ **Kostenlose bzw. kostengünstige Einrichtung von Aktien- Fonds- und ETF-Sparplänen**
  Viele Banken und Wertpapierhändler bieten eine Vielzahl an Aktienfonds-Sparplänen und ETF-Sparplänen an. Manche dieser Sparpläne werden sogar kostenlos, d. h. gebührenfrei, angeboten.

Welche Kosten fallen bei einem Kauf von Aktien-Fonds bzw. ETFs an?

Neben den oben erwähnten

➢ **Depotkosten** und
➢ **Fondskosten**

fallen beim Kauf von Aktien-Fonds und ETFs, aber auch bei anderen Finanzprodukten, noch weitere Kosten an:

- **Transaktionskosten** setzen sich wie folgt zusammen:
  → die reinen **Ordergebühren**, welche von der Bank oder dem Broker pauschal oder prozentual zum Auftragswert erhoben werden und
  → sogenannte **Handelsplatzgebühren**, welche von den verschiedenen Börsenplätzen Frankfurt, München, Stuttgart, Berlin, Hamburg, Düsseldorf usw. für die Nutzung ihrer Handelssysteme verlangt und von den Banken und Brokern oft eins zu eins an den Kunden weitergegeben werden.

- **Ausgabeaufschlag**

  Einige, meist aktiv gemanagte Aktien-Fonds, werden von den Fondsgesellschaften noch mit einem Ausgabeaufschlag von ca. 2 % - 5 % belegt, welcher beim Kauf der Fonds-Anteile berechnet wird.
  Hier sollte man auf möglichst geringe, idealerweise keine, Ausgabeaufschläge achten, da diese erst wieder „hereingewirtschaftet" werden müssen, bevor man sich mit dem Fonds in die Gewinnzone begibt.
  Viele Online-Banken und Online-Broker bieten im Rahmen von Kooperationen mit verschiedenen Fonds-Gesellschaften Nachlässe bis zum vollständigen Entfall des Ausgabeaufschlages an. Das wirkt sich natürlich von Anfang an positiv auf die Rendite der Anlage aus!

HINWEIS:

> Bei ETFs unterschiedlicher Herausgeber, welche den gleichen Index abbilden, kann man ohne Risiko den ETF mit den geringsten Gebühren (TER) wählen, weil diese alle den gleichen Index abbilden. Hier bietet der teurere ETF keinen Vorteil!

3.2 Warum hat mir mein Bankberater noch nie ETFs empfohlen?

ETFs sind von ihrer Kostenstruktur **sehr kostengünstig** aufgebaut. Die Banken, speziell die Filialbanken klassischer Art, verdienen ihr Geld über Gebühren, die sie für den Vertrieb von z. B. Anlageprodukten erhalten. Diese Gebühren ziehen sie von dem Anleger beim Kauf eines Finanzproduktes, als auch von den Fondsgesellschaften, deren Produkte sie vertreiben, ein. Fondsgesellschaften sind Investmentgesellschaften, die Fonds auflegen (= zusammenstellen) und verwalten bzw. betreuen. Dabei handelt es sich oft um aktiv betreute (gemanagte) Fonds. Bei aktiv gemanagten Fonds stellt ein Fondsmanager einen Aktienkorb (oft Basket genannt) je nach Thema und Schwerpunkt des Fonds zusammen.

Dabei wählt er selbstständig Einzel-Aktien für reine Aktien-Fonds und Aktien plus andere Wertpapiere für Mischfonds aus. Er greift anschließend immer wieder regulierend in die Zusammenstellung ein, indem er einzelne Positionen kauft, verkauft, oder auch neue Wertpapiere hinzufügt. Dabei kann er kurzfristig auf eine sich ändernde Marktsituation reagieren, was erst einmal positiv gewertet werden kann. Leider hat sich dieser Vorteil in der Vergangenheit für uns Anleger nicht ausgezahlt, weil die meisten aktiv gemanagten (Aktien-) Fonds nicht in der Lage waren, ihren Index (= Bewertungszahl, welche verschiedene Aktien aus unterschiedlichen Regionen und/oder Branchen zusammenfasst) über einen längeren Zeitraum zu schlagen (siehe auch das nächste Kapitel 4 „Aktien-Fonds und ETFs").

Für seine „aktive" Betreuung des Fonds erhält der Fondsmanager natürlich eine Vergütung, die wir Fonds-Käufer und Besitzer über die jährlich anfallenden Gebühren bezahlen.

Bei einem ETF, einem börsengehandelten Indexfonds, fallen diese Gebühren, aufgrund der passiv gehaltenen Ausrichtung, deutlich geringer aus!

Bei einem ETF fallen

→ keine Ausgabeaufschläge,

→ keine Vertriebsprovisionen,

→ keine Managementgebühren für einen Fondsmanager,

→ keine Erfolgsprämien für den Fondsmanager und

→ deutlich geringere Kauf- und Verkaufskosten für die Zusammenstellung des Fondspaketes an, weil, unabhängig von der Wirtschaftslage, stur der Index des ETFs verfolgt wird.

Durch diese „passive" Indexnachbildung kann der ETF-Aktienkorb auch kostengünstig von einem Computerprogramm verwaltet werden. Es braucht dazu keinen Fondsmanager.

Ein weiterer Vorteil von ETFs ist, dass sie jederzeit an der Börse gehandelt, d. h. gekauft und verkauft werden können! Dadurch kommen Sie als ETF-Fondsbesitzer immer schnell an Geld, d. h. Sie bleiben liquide (= flüssig) und aufgrund des freien Börsenhandels fallen für diese Papiere keine Ausgabeaufschläge oder Vertriebsprovisionen an.

Mit Exchange Traded Funds (ETFs) ist, aus Sicht der Banken, kein Geld zu verdienen!

Jetzt wissen Sie, warum Ihr Bankberater Ihnen keine ETFs anbietet.

Weil er schlicht und einfach mit dieser Anlageform kein Geld verdient!

4. Aktien-Fonds und ETFs – In welche investiere ich?

Der erste ETF wurde 1976 von dem amerikanischen Investmentbanker John C. Bogle aufgelegt, weil er sich als Chef einer Investmentgesellschaft darüber ärgerte, dass all seine hochbezahlten Fondsmanager nicht in der Lage waren, mit ihren Fonds dauerhaft besser abzuschneiden als der amerikanische S&P 500 Aktienindex.
Er gründete eine neue Fondsgesellschaft, nannte sie „Vanguard" (engl. Vorhut oder Führung) und wies seine Mitarbeiter an, nur noch den S&P 500 - Index „passiv" nachzubilden. Alle 500 in diesem Index gelisteten Aktien sollten exakt nach ihrem Gewicht im Index gekauft werden und die Aufteilung, unabhängig der gerade aktuellen Aktienkurse, unverändert bleiben.
Mit diesem „**Indexfonds**" „Vanguard 500 Index Fund" schuf er erstmals für private (Klein-) Anleger die Möglichkeit, kostengünstig und breit gestreut in den Aktienmarkt einzusteigen.

1993 brachte die US-Gesellschaft State Street erstmals einen Indexfonds an die Börse.
Da dieser Fonds genauso an der Börse gehandelt wurde, wie Aktien, erhielt er den Namen **E**xchange **T**raded **F**und (= börsengehandelter Fonds). Der erste ETF war geboren und ist als SPDR S&P 500 ETF bis heute einer der größten ETFs der Welt.

In Deutschland werden ETFs seit April 2000 angeboten und gehandelt.
Mittlerweile ist die Vielfalt der ETFs kaum noch zu durchschauen, weshalb ich nachfolgend nur die nach meiner Meinung wichtigsten ETF-Klassen vorstellen möchte.

4.1 Aktien-Fonds und Aktien-ETFs

Aktien (breit gestreut, wie in einem Fonds), das zeigen viele Studien und Statistiken, sind langfristig, damit meine ich einen Zeitraum größer als 15 Jahre, die erfolgreichste (= renditestärkste) Anlageform und zugleich die größte Klasse der Fonds- und ETF-Anlagen.

Mit Aktien-Fonds und ETFs bietet sich die Möglichkeit einer weit gestreuten (= diversifizierten) Anlage in

- **einzelne Länder, Regionen** oder auch ganze **Wirtschaftsräume**,
  wie z. B. in die Bereiche Unternehmen der Industrieländer weltweit (World/Global), aufstrebende Unternehmen in den Schwellenländern (Emerging Markets), Europa, USA, Asien, Deutschland u. v. m.

- **Branchen**,
  wie z. B. Rohstoffe, Technologie, Umwelt, Chemie, Finanzen, Pharma, Biotechnologie, Nahrungsmittel, Energie- und Wasserversorger, Abfallbeseitigung, oder auch ethisch, umweltbewusste und nachhaltige Unternehmen.

Daneben gibt es noch viele weitere Fonds- und ETF-Anlageklassen.

4.2 Renten-Fonds und Renten-ETFs

Renten, auch Anleihen genannt, sind festverzinsliche Anlagen, deren Zinssatz abhängig von der Bonität (= Kapitalsicherheit) des Emittenten (= Herausgeber) sind. Hierzu gehören Festgeld, Tagesgeld, Staatsanleihen, Unternehmensanleihen und andere Geldmarktanlagen. Solide Zinsanlagen erwirtschaften zwar eine deutlich geringere Rendite als Aktienanlagen (Fonds), zeichnen sich aber dadurch aus, dass sie in der Regel viel geringere Wertschwankungen aufweisen und dass sich ihre Kurse häufig gegenläufig zu den Aktienkursen bewegen. Damit stellen sie ein geeignetes Gegengewicht zum Aktieninvestment dar und das Depot gewinnt an Stabilität und Sicherheit.

Renten, bzw. Anleihen steigen tendenziell im Wert, wenn die Zinsen fallen und verlieren an Wert, wenn die Zinsen steigen.

In der derzeitigen Null-Zinsphase rate ich von einer Anlage in Rentenpapiere ab, da die Zinsen entweder weiter ins Negative wandern, oder wieder steigen werden. Beide Entwicklungen tragen dazu bei, dass Rentenanlagen auf absehbare Zeit nicht besonders attraktiv sein werden.

Trotzdem haben Renten-ETF gegenüber einer Festgeldanlage oder dem direkten Kauf von Anleihen den Vorteil, dass ihre Laufzeit im Prinzip unbegrenzt ist und sie jederzeit an der Börse gehandelt werden können.

4.3 Immobilienfonds und Immobilien-ETFs, REITs

Immobilienfonds

Fondsart, bei der das Fondsvermögen aus Immobilien besteht. Man unterscheidet zwischen offenen und geschlossenen Immobilienfonds.

Bei **offenen Immobilienfonds** wird das Fondsvermögen in Zertifikate verbrieft. Die Anzahl der Käufer ist unbegrenzt. Die von den Anlegern zufließenden Gelder werden größtenteils in gewerblich genutzte Grundstücke, Gebäude und eigene Bauprojekte investiert.

Bei **geschlossenen Immobilienfonds** ist die Zahl der Anleger begrenzt. Sobald das angestrebte Kapital gezeichnet ist (= eingesammelt wurde), gilt der Fonds als geschlossen.

➢ Ich rate jedem Privatanleger davon ab, sein Geld in geschlossene Fonds, egal ob in Immobilien, Schiffe, oder andere Sachwerte, zu investieren!

→ Ein Ausstieg aus einem geschlossenen Fonds vor Ablauf durch eine Rückgabe der Fondsanteile an die Fondsgesellschaft, oder ein **Verkauf der Fondsanteile** an der Börse **ist nicht möglich!**

→ Ferner besteht das Risiko, dass die Fondsgesellschaft zur Umsetzung des Fonds-Ziels (Immobilien-, Schiffs-, Windkraftanlagenbau, usw.) zusätzliches Kapital benötigt. Dieses müssen dann Sie, als Kapitalgeber, zuschießen! Ein Fass ohne Boden!

REITs

Bei Real Estate Investment Trusts oder auch REITs handelt es sich um börsennotierte Immobilien-Aktiengesellschaften, die steuerlich begünstigt sind. Sie werden von der Körperschafts- und Gewerbesteuer befreit. Voraussetzung dafür ist, dass sie ihre Erträge fast vollständig an ihre Anleger ausschütten. Je nach Land müssen das 80 % bis 95 % des Gewinns sein.

> Offene Immobilienfonds oder auch Immobilien-ETFs und REITs empfehle ich immer wieder zur Beimischung ins Depot zu holen!

Sie versprechen eine interessante Rendite bei vernünftiger Sachwerteabsicherung durch den Wert der Immobilien.

4.4 Themen-Fonds und Themen-ETFs

Dem Ideenreichtum der Fondsgesellschaften sind keine Grenzen gesetzt, so dass es für nahezu jedes Spezialthema und jeden Trend einen Fonds oder einen ETF gibt.

Hervorheben möchte ich hierbei die

4.4.1 Rohstoff-Fonds und Rohstoff-ETFs

Wie die Anleihen (= Renten oder Festgeldanlagen) entwickeln sich Rohstoffe und Edelmetalle oft anders als die Aktien.
Das heißt, auch mit Rohstoff- und Edelmetall-ETFs kann man sein Depot diversifizieren und damit schwankungsunanfälliger und risikoärmer gestalten.

Hierbei handelt es sich, wenn Einzelrohstoffe wie z. B. Gold gehandelt werden, nicht mehr um ETFs, sondern um sogenannte ETCs = Exchange Traded Commodities (= börsengehandelte Waren/Rohstoffe/Güter).

ACHTUNG!
ETCs sind keine „Sondervermögen" wie die ETFs, sondern Anleihen (= Schuldverschreibungen) des Produktanbieters. Sollte der Produktanbieter Pleite gehen oder Insolvenz anmelden, hat man sein Geld verloren!

Zur Erinnerung: ETFs oder auch Aktien-Fonds sind Sondervermögen und damit von einer Pleite des Emittenten (Fondsgesellschaft oder Bank) nicht betroffen. Die Anteile werden dann ganz einfach in ein Depot einer anderen Bank verschoben.

Trotzdem möchte ich hier den „XETRA-Gold ETC" oder den „Lyxor Gold Bullion Securities ETC" nicht unerwähnt lassen.
Beide bieten eine täglich an der Börse handelbare Anlage in Gold, welche von beiden Herausgebern mit physisch hinterlegtem Gold abgesichert wird.
Hierzu hat z. B. die Deutsche Börse extra Tresorräume angemietet.
Man braucht sich also keine Gedanken um die Lagerung oder einen Händler zum Verkaufen zu machen und erhält das Gold in der Regel auch noch günstiger als beim Goldhändler. Allerdings besitzt man bei beiden ETCs nur einen verbrieften Anteil und nicht das Gold selbst. Solange man es sich nicht nach Hause liefern lässt, was möglich ist, aber mit einer hohen Liefergebühr belastet wird, hält man nur die verbrieften Eigentumsanteile.

Ich sehe ein Investment in Gold als Krisenanlage für den Fall der Fälle eines Mega-Crashs.
Ob man dann noch seine ETC-Gold Anteile zu Geld machen kann, weiß ich nicht.
Hat man Barren und Münzen zu Hause, wären diese jedenfalls physisch verfüg- und nutzbar.

> **ETC** XETRA-Gold der Deutschen Börse AG
> ISIN: DE000A0S9GB0, WKN: A0S9GB
> Gesamtkosten = 0,30 %/a, Inhaberschuldverschreibung, physisch mit Gold abgesichert

> **ETC** Lyxor Gold Bullion Securities
> ISIN: DE000A0LP781, WKN A0LP78
> Gesamtkosten = 0,40 %/a, Inhaberschuldverschreibung, physisch mit Gold abgesichert

4.4.2 Ethische, nachhaltige und ökologisch korrekte Fonds und ETFs

Unter einer „nachhaltigen" Geldanlage, sei es ein aktiv gemanagter Aktienfonds oder ein passiv geführter ETF, versteht man die Zusammenstellung eines Warenkorbs aus Unternehmen, die nachweislich nachhaltig, ethisch, sozial und ökologisch wirtschaften.

Dabei werden Branchen wie Atomkraft, Pornografie, Rüstung und stark umweltverschmutzende Produktion ausgeschlossen.

Diese **ESG**-Kriterien (**E**nvironment = Umwelt; **S**ocial = Sozial und **G**overnance = Unternehmensführung) werden im Englischen auch „**S**ustainable **R**esponsible **I**nvestments" (**SRI** = sozial verantwortliche Geldanlage) genannt.

Die **SRI-Indizes** schließen Waffen, Rüstung, Atomkraft, Alkohol, Tabak, Glücksspiel, Pornografie und Agrargentechnik, sowie Kinderarbeit und Menschenrechtsverletzungen aus.

Interessant werden diese ethisch-nachhaltigen und ökologisch korrekten Fonds für uns Privatanleger deshalb, weil viele Unternehmen mit dieser Unternehmenspolitik sehr langfristig und dabei auch noch sehr gewinnbringend eine gute Rendite erwirtschaften.

Hier kann man also guten Gewissens investieren, ohne auf Rendite verzichten zu müssen.

5. Konkrete Vorschläge an Fonds und ETFs zum Vermögensaufbau bzw. Vermögenssicherung

5.1 wichtiger Hinweis

➤ Ich habe mich immer schwer getan, die Ratschläge anderer „Finanzberater" umzusetzen bzw. nachzuvollziehen, ohne eine konkrete Angabe bzw. Übersicht der empfohlenen Anlageprodukte erhalten zu haben.

➤ Allerdings ist der Markt der Anlageprodukte schier unüberschaubar und ändert sich kontinuierlich.
Für umso wichtiger halte ich eine konkrete Empfehlung, auch auf die Gefahr hin, dass diese sehr schnell an Aktualität verliert.
Daher bitte ich Sie, die folgenden konkreten Vorschläge nur als Beispiel (= Momentaufnahme) der jeweiligen Anlageklasse zu verstehen!

➤ Ich habe beruflich nicht mit Finanzprodukten zu tun und stehe auch in keinem Verhältnis mit einem Broker (= Wertpapierhändler) oder einer Fondsgesellschaft und erhalte keinerlei Vergütung für die nachfolgende Nennung konkreter Anlageprodukte!

➤ Jeder Broker und auch jede Fondsgesellschaft bietet in der jeweiligen Anlageklasse vergleichbare Fonds an, welche das oben beschriebene Anlageziel des Vermögensaufbaus bzw. des Vermögenerhalts genauso gut unterstützen, wie die von mir genannten Fonds!

5.2 Aktienfonds International bzw. ETFs für den MSCI World

Was ist der MSCI-World / FTSE Developed World?

➢ Der **MSCI World / FTSE Developed World** ist ein Aktienindex, der mehr als 1600 Aktien (FTSE Developed World ca. 2120 Unternehmen) großer und mittlerer Unternehmen aus 23 Industrieländern weltweit zusammenfasst und das branchenübergreifend.
Man kann (vereinfacht) sagen: Der MSCI World / FTSE Developed World bildet die globale Wirtschaftskraft aller Industrieländer über alle Branchen ab und eignet sich daher ideal als **Basisinvestment**.

➢ Der **MSCI All Country World Index** beinhaltet zusätzlich noch die wichtigsten Aktien des Schwellenländer-Index MSCI Emerging Markets und bildet mit mehr als 2400 Aktien die globale Wirtschaftskraft über alle Branchen und Länder (Industrieländer und aufstrebende Länder) ab.
Auch dieser Index eignet sich ideal als **Basisinvestment**.

➢ Der **FTSE All Country World** ist ein Wettbewerbsprodukt zum **MSCI All Country World Index** und beinhaltet ca. 3100 Unternehmen, global aus allen Industrieländern inklusive einem ca. 13 % -igen Anteil von Unternehmen aus den Schwellenländern (= Emerging Markets).
Wie die oben genannten Indizes, eignet sich auch dieser Index ideal als **Basisinvestment**.

Entwicklung MSCI World von 1969 - 2019 (über 50 Jahre)

Jahr	Schlussstand in Punkten	Veränderung in Punkten	Veränderung in %
1969	100,00		
1970	94,29	-5,71	-5,71
1971	108,99	14,70	15,59
1972	130,74	21,75	19,96
1973	108,41	-22,33	-17,08
1974	78,24	-30,17	-27,83
1975	100,86	22,62	28,91
1976	111,26	10,40	10,31
1977	108,52	-2,74	-2,46
1978	122,28	13,76	12,68
1979	131,10	8,82	7,21
1980	159,23	28,13	21,46
1981	146,62	-12,61	-7,92
1982	155,16	8,54	5,82
1983	183,95	28,79	18,56
1984	187,21	3,26	1,77
1985	256,51	69,30	37,02
1986	356,83	100,32	39,11
1987	407,99	51,16	14,34
1988	494,43	86,44	21,19
1989	567,34	72,91	14,75
1990	461,53	-105,81	-18,65
1991	535,36	73,83	16,00
1992	497,13	-38,23	-7,14
1993	598,50	101,37	20,39
1994	618,59	20,09	3,36
1995	734,28	115,69	18,70

Tabelle 4: Wertentwicklung MSCI World, 1969 - 2019, Quelle: Wikipedia

Entwicklung MSCI World von 1969 - 2019 (über 50 Jahre) Fortsetzung			
Jahr	Schlussstand in Punkten	Veränderung in Punkten	Veränderung in %
1996	820,36	86,08	11,72
1997	936,59	116,23	14,17
1998	1.149,95	213,36	22,78
1999	1.420,89	270,94	23,56
2000	1.221,25	−199,64	−14,05
2001	1.003,52	−217,73	−17,83
2002	792,22	−211,30	−21,06
2003	1.036,32	244,10	30,81
2004	1.169,34	133,02	12,84
2005	1.257,78	88,44	7,56
2006	1.483,58	225,80	17,95
2007	1.588,80	105,22	7,09
2008	920,23	−668,57	−42,08
2009	1.168,47	248,24	26,98
2010	1.280,07	111,60	9,55
2011	1.182,60	−97,47	−7,61
2012	1.338,50	155,90	13,18
2013	1.661,07	322,57	24,10
2014	1.709,67	48,60	2,93
2015	1.662,79	−46,89	−2,74
2016	1.751,22	88,43	5,32
2017	2.103,45	352,23	20,11
2018	1.883,90	−219,55	−10,44
2019	2.353,25	469,35	24,91
Gesamtentwicklung über die letzten 50 Jahre			11,85

Tabelle 4: Wertentwicklung MSCI World, 1969 - 2019, Quelle: Wikipedia

Hinweis:

➢ Anleger müssen allerdings wissen, dass rund 60 Prozent der Aktien im **MSCI World / FTSE Developed World** aus den USA stammen!

Wer wirklich weltweit investieren möchte, muss zu seinen Fonds vom MSCI World / FTSE Developed World weitere Index-Fonds (Schwellenländer, Europa, Asien-Pacific, u. a.) beimischen!

➢ **MSCI** ist ein Indexanbieter nach dem sich die meisten ETF-Anbieter richten.
Es gibt aber noch einen Wettbewerber: **FTSE** Russel.

Für uns Kleinanleger macht es keinen Unterschied, ob „unser" Fonds den MSCI World oder den FTSE Developed World abbildet. Die Diversifikation und damit auch die Wertentwicklung ist vergleichbar!

Konkrete Vorschläge für Aktienfonds International bzw. ETFs für den MSCI World / FTSE Developed World

- **Aktienfonds** Morgan Stanley Global Opportunity Fund (USD) A
  ISIN: LU0552385295;   WKN: A1H6XK
  Gesamtkosten = 1,84 %/a, thesaurierend

- **ETF** iShares Dow Jones Global Titans 50 UCITS ETF (DE)
  ISIN: DE0006289382   WKN: 628938
  Gesamtkosten = 0,51 %/a, ausschüttend
  automatische Wiederanlage ab 75,-EUR Ausschüttung, sparplanfähig

- **ETF** iShares Edge MSCI World Momentum Factor UCITS ETF USD (Acc)
  ISIN: IE00BP3QZ825;   WKN: A12ATF
  Gesamtkosten = 0,30 %/a, thesaurierend

- **Aktienfonds** Comgest Monde C
  ISIN: FR0000284689;   WKN: 939942
  Gesamtkosten = 2,25 %/a, thesaurierend

- **ETF** Lyxor ETF DJ Global Titans 50
  ISIN: FR0007075494   WKN: 787716
  Gesamtkosten = 0,40 %/a, ausschüttend

- **ETF** Amundi IS SICAV – MSCI World ex Europe UCITS ETF EUR
  ISIN: LU1681045537;   WKN: A2H57S
  Gesamtkosten = 0,35 %/a, thesaurierend

- ETF Vanguard FTSE Developed World UCITS ETF
  ISIN: IE00BKX55T58;   WKN: A12CX1
  Gesamtkosten = 0,12 %/a, ausschüttend

- ETF Vanguard FTSE All-World UCITS ETF
  ISIN: IE00B3RBWM25   WKN: A1JX52
  Gesamtkosten = 0,22 %/a, ausschüttend
  automatische Wiederanlage ab 75,-EUR Ausschüttung, sparplanfähig

- ETF Xtrackers MSCI World Swap UCITS ETF 1C
  ISIN: LU0274208692;   WKN: DBX1MW
  Gesamtkosten = 0,45 %/a, thesaurierend, sparplanfähig

- Aktienfonds Fidelity Funds – World Fund A-Euro
  ISIN: LU0069449576;   WKN: 986378
  Gesamtkosten = 1,90 %/a, ausschüttend
  automatische Wiederanlage ab 75,-EUR Ausschüttung, sparplanfähig

- ETF Amundi ETF MSCI World ex EMU
  ISIN: FR0010756114;   WKN: A0RPV6
  Gesamtkosten = 0,35 %/a, thesaurierend, sparplanfähig

- ETF Amundi MSCI World UCITS ETF – EUR
  ISIN: LU1681043599;   WKN: A2H59Q
  Gesamtkosten = 0,38 %/a, thesaurierend

- Aktienfonds UBS (D) Equity Fund – Global Opportunity
  ISIN: DE0008488214;   WKN: 848821
  Gesamtkosten = 2,05 %/a, ausschüttend

- ETF Xtrackers MSCI AC World UCITS ETF 1C
  ISIN: IE00BGHQ0G80; WKN: A1W8SB
  Gesamtkosten = 0,40 %/a, thesaurierend

- ETF Lyxor ETF MSCI World – D-EUR
  ISIN: FR0010315770 WKN: LYX0AG
  Gesamtkosten = 0,30 %/a, ausschüttend

- ETF iShares MSCI World UCITS ETF USD Dist
  ISIN: IE00B0M62Q58; WKN: A0HGV0
  Gesamtkosten = 0,50 %/a, ausschüttend
  automatische Wiederanlage ab 75,-EUR Ausschüttung,
  sparplanfähig

MSCI World / FTSE Developed World / MSCI All Country World / FTSE All Country World

- Mit oben genannten Fonds (auch ETFs sind Aktien-Fonds!) habe ich konkrete Beispiele gelistet, weil ich solch eine Liste in den meisten Werken zur Vermögensbildung vermisse. Jedoch sei darauf hingewiesen, dass diese Übersicht bei weitem nicht vollständig ist und auch keine Wertung bezüglich Sicherheit oder Renditeentwicklung darstellt.

➢ Für ETFs sei angemerkt, dass in der Regel jeder Fonds der gleichen Anlageklasse (hier: ETF MSCI World / FTSE Developed World), egal von welcher Fondsgesellschaft aufgelegt, das Anlageziel erfüllt, da bei ETFs ja „nur" der gewählte Index nachgebildet wird, für den man sich entschieden hat. Bei dieser Index-Nachbildung sind alle Fondsgesellschaften mehr oder weniger an die gleichen Regeln gebunden. Deshalb lohnt es sich hier auf die Gesamtkosten des Fonds zu achten und einen günstigen Fonds (z. B. Vanguard) auszuwählen.

➢ Neben den Fonds-Kosten sollte bei der Fonds-Auswahl aber auch die tägliche Verfügbarkeit an der Börse und die Kosten beim Kauf bzw. Verkauf, sowie die Möglichkeit einer Sparplananlage beim Broker seiner Wahl berücksichtigt werden.

Bei der ETF-Anlage gibt es kein richtig oder falsch – nur kostengünstig oder teurer!

5.3 Aktien-Fonds und ETFs, Anlageschwerpunkt MSCI Emerging Markets

Was ist der MSCI Emerging Markets?

➢ Der **MSCI Emerging Markets Index** ist ein Aktienindex, der anhand von etwa 1200 Aktienwerten aus 24 Ländern die Entwicklung an den Börsen der wichtigsten Schwellenländer widerspiegelt.

Entwicklung MSCI Emerging Markets von 2004 - 2019 (über 15 Jahre)

Jahr	Schlussstand in Punkten	Veränderung in Punkten	Veränderung in %
2004	515,00		
2005	680,00	165,00	32,04
2006	880,00	200,00	29,41
2007	1.200,00	320,00	36,36
2008	560,00	-640,00	-53,33
2009	989,47	429,47	76,69
2010	1.151,39	161,92	16,36
2011	916,39	-235,00	-20,41
2012	1.055,20	138,81	15,15
2013	1.002,69	-52,51	-4,98
2014	956,31	-46,38	-4,63
2015	794,14	-162,17	-16,96
2016	862,28	68,14	8,58
2017	1.158,45	296,17	34,35
2018	965,67	-192,78	-16,64
2019	1.118,42	152,75	15,82
Gesamtentwicklung über die letzten 15 Jahre			9,85

Tabelle 5: Wertentwicklung MSCI Emerging Markets, 2004 - 2019, Quelle: onvista.de

Konkrete Vorschläge für Aktienfonds Emerging Markets bzw. ETFs für den MSCI Emerging Markets

➢ **Aktienfonds** Nordea 1 – Emerging Stars Equity Fund BP - EUR
  ISIN: LU0602539867;   WKN: A1JHTM
  Gesamtkosten = 1,81 %/a, thesaurierend, sparplanfähig

➢ **Aktienfonds** Vontobel Fund – mtx Sustainable Emerging Markets Leaders B USD
  ISIN: LU0571085413;   WKN: A1JJMA, thesaurierend
  ISIN: LU0571085330;   WKN: A1JJL9, ausschüttend
  Gesamtkosten = 2,06 %/a

➢ **ETF** Amundi MSCI Emerging Markets UCITS ETF EUR (A)
  ISIN: LU1681045370;   WKN: A2H58J
  Gesamtkosten = 0,20 %/a, thesaurierend

➢ **ETF** Vanguard FTSE Emerging Markets UCITS ETF
  ISIN: IE00B3VVMM84; WKN: A1JX51
  Gesamtkosten = 0,22 %/a, ausschüttend
  automatische Wiederanlage ab 75,-EUR Ausschüttung, sparplanfähig

➢ **Aktienfonds** JP Morgan Funds Emerging Markets Small Cap A (acc)
  ISIN: LU0318933057;   WKN: A0M0KB
  Gesamtkosten = 1,90 %/a, thesaurierend

5.4 Aktien-Fonds und ETFs, Anlageschwerpunkt Asien

Was ist der MSCI Asien?

- Der **MSCI AC Asia Index** investiert in 940 Unternehmen aus drei Entwicklungsländern und acht Schwellenländern im Raum Asien.
- Der Aktienindex für China ist der SSE Composite der Börse Shanghai. Er ist ein nach Marktkapitalisierung (= Größe der Unternehmen) gewichteter Kursindex aus allen an der Shanghaier Börse gelisteten 1.500 Aktienunternehmen.
- Für Asien genauso wichtig wie der SSE Composite ist der Hang Seng China Aktienindex der Börse Hongkong. Er ist auch ein Kursindex und bildet die Aktienkurse der 50 größten Unternehmen der Hongkonger Börse ab.

Konkrete Vorschläge für Aktienfonds Asien bzw. ETFs für den MSCI Asien

- **Aktienfonds** UBS (Lux) Equity Fund – China Opportunity (USD)
  ISIN: LU0067412154;   WKN: 986579
  Gesamtkosten = 2,41 %/a, thesaurierend

- **Aktienfonds** UBS (Lux) Equity Fund – Greater China (USD) P
  ISIN: LU0072913022;   WKN: 986408
  Gesamtkosten = 2,41 %/a, thesaurierend

- **Aktienfonds** Stewart Investors Asia Pacific Sustainability Fund
  ISIN: GB00B0TY6S22;   WKN: A0H0QL
  Gesamtkosten = 1,66 %/a, thesaurierend

- **ETF** Vanguard FTSE Developed Asia Pacific ex Japan UCITS ETF
  ISIN: IE00B9F5YL18;   WKN: A1T8FT
  Gesamtkosten = 0,22 %/a, ausschüttend

- **ETF** Amundi Index MSCI Pacific ex Japan UCITS ETF DR EUR (C)
  ISIN: LU1602144906;   WKN: A2DR4M
  Gesamtkosten = 0,45 %/a, thesaurierend

Info:

Warum beginnt die ISIN der oben genannten Fonds mit dem Kürzel LU für Luxemburg, GB für Großbritannien oder IE für Irland obwohl es sich um asiatische Fonds handelt?

→ Die ISIN eines Fonds richtet sich nicht nach dem Anlagethema oder dem Heimatort der darin enthaltenen Unternehmen, sondern nach dem Sitz des Fondsunternehmens, welches diesen Fonds aufgelegt (= festgelegt) hat und nach dessen steuerlicher Zuordnung.
Da Luxemburg steuerliche Vorteile für Unternehmen bietet, verwundert es nicht, dass viele Fondsgesellschaften in Luxemburg ansässig sind und dort ihre Fonds auflegen.
Diese starten dann mit LU in der ISIN.

→ Einzelaktien aus Deutschland starten demzufolge mit DE, aus Großbritannien mit GB, aus Frankreich mit FR, aus Dänemark mit DK, aus Österreich mit AT, aus der Schweiz mit CH und aus Irland mit IE.

5.5 Aktien-Fonds und ETFs, Anlageschwerpunkt Europa und Deutschland

Was ist der MSCI Europa?

- Unter den europäischen Indizes streut der **Stoxx Europe 600** am breitesten. Er umfasst die 600 nach Börsenwert größten Unternehmen aus 18 europäischen Ländern, darunter auch Großbritannien, die Schweiz und Schweden. Der Index ist also nicht auf den Euroraum beschränkt.

- Alternativ dazu existiert der **MSCI Europe**. Er beschränkt sich auf **gut 400 europäische Unternehmen** mit großem und mittlerem Börsenwert aus 15 Ländern.

Konkrete Vorschläge für Aktienfonds bzw. ETFs Europa

- **ETF** Deka STOXX Europe Strong Growth 20 UCITS ETF
  ISIN: DE000ETFL037; WKN: ETFL03
  Gesamtkosten = 0,65 %/a, ausschüttend

- **Aktienfonds** Comgest Growth Europe Smaller Companies EUR
  ISIN: IE0004766014; WKN: 631027
  Gesamtkosten = 1,61 %/a, thesaurierend

- **Aktienfonds** BlackRock Strategic Funds – European Opportu. Extension Strat. Fd A2 EUR
  ISIN: LU0313923228; WKN: A0MYJN
  Gesamtkosten = 1,88 %/a, thesaurierend

Entwicklung STOXX Europe 600 von 1998 - 2019 (über 21 Jahre)

Jahr	Schlussstand in Punkten	Veränderung in Punkten	Veränderung in %
1998	279,20		
1999	379,49	100,29	35,92
2000	359,79	-19,70	-5,19
2001	298,73	-61,06	-16,97
2002	201,72	-97,01	-32,47
2003	229,31	27,59	13,68
2004	251,02	21,71	9,47
2005	310,03	59,01	23,51
2006	365,26	55,23	17,81
2007	364,64	-0,62	-0,17
2008	196,90	-167,74	-46,00
2009	253,16	56,26	28,57
2010	275,81	22,65	8,95
2011	244,54	-31,27	-11,34
2012	279,68	35,14	14,37
2013	328,26	48,58	17,37
2014	342,54	14,28	4,35
2015	365,81	23,27	6,79
2016	361,42	-4,39	-1,20
2017	389,18	27,76	7,68
2018	337,65	-51,53	-13,24
2019	415,75	78,10	23,13
Gesamtentwicklung über die letzten 21 Jahre			4,05

Tabelle 6: Wertentwicklung STOXX Europe 600, 1998 - 2019, Quelle: Wikipedia

Was ist der MSCI Deutschland?

➢ Der **DAX** (Abkürzung für *Deutscher Aktienindex*) ist der bedeutendste deutsche Aktienindex. Er misst die Wertentwicklung der 30 größten und liquidesten Unternehmen des deutschen Aktienmarktes und repräsentiert rund 80 Prozent der Marktkapitalisierung börsennotierter Aktiengesellschaften in Deutschland.
Achtung: Der DAX ist ein „Performance-Index". D. h. alle Dividendenzahlungen der Unternehmen werden dem Index-Wert zugerechnet. Damit steigt dieser Index schneller als ein reiner Kursindex, der nur die Aktienkurse ohne Dividendenzugänge berücksichtigt.

Konkrete Vorschläge für Aktienfonds bzw. ETFs Deutschland

➢ **ETF** iShares TecDAX (R) UCITS ETF (DE)
ISIN: DE0005933972; WKN: 593397
Gesamtkosten = 0,51 %/a, thesaurierend

➢ **Aktienfonds** DWS German Small/Mid Cap
ISIN: DE0005152409; WKN: 515240
Gesamtkosten = 1,40 %/a, ausschüttend

Entwicklung DAX von 1969 - 2019 (über 50 Jahre)

Jahr	Schlussstand in Punkten	Veränderung in Punkten	Veränderung in %
1969	622,38	66,76	12,02
1970	443,86	−178,52	−28,68
1971	473,46	29,6	6,67
1972	536,36	62,9	13,29
1973	403,88	−132,48	−24,70
1974	401,79	−2,09	−0,52
1975	563,25	161,46	40,19
1976	509,02	−54,23	−9,63
1977	549,34	40,32	7,92
1978	575,15	25,81	4,7
1979	497,79	−77,36	−13,45
1980	480,92	−16,87	−3,39
1981	490,39	9,47	1,97
1982	552,77	62,38	12,72
1983	773,95	221,18	40,01
1984	820,91	46,96	6,07
1985	1.366,23	545,32	66,43
1986	1.432,25	66,02	4,83
1987	1.000,00	−432,25	−30,18
1988	1.327,87	327,87	32,79
1989	1.790,37	462,5	34,83
1990	1.398,23	−392,14	−21,90
1991	1.577,98	179,75	12,86
1992	1.545,05	−32,93	−2,09
1993	2.266,68	721,63	46,71
1994	2.106,58	−160,10	−7,06
1995	2.253,88	147,3	6,99

Tabelle 7: Wertentwicklung DAX, 1969 - 2019, Quelle: Wikipedia

Entwicklung DAX von 1969 - 2019 (über 50 Jahre) Fortsetzung		
Jahr	Schlussstand in Punkten	Veränderung in Punkten	Veränderung in %
1996	2.888,69	634,81	28,17
1997	4.249,69	1.361,00	47,11
1998	5.002,39	752,7	17,71
1999	6.958,14	1.955,75	39,1
2000	6.433,61	−524,53	−7,54
2001	5.160,10	−1.273,51	−19,79
2002	2.892,63	−2.267,47	−43,94
2003	3.965,16	1.072,53	37,08
2004	4.256,08	290,92	7,34
2005	5.408,26	1.152,18	27,07
2006	6.596,92	1.188,66	21,98
2007	8.067,32	1.470,40	22,29
2008	4.810,20	−3.257,12	−40,37
2009	5.957,43	1.147,23	23,85
2010	6.914,19	956,76	16,06
2011	5.898,35	−1.015,84	−14,69
2012	7.612,39	1.714,04	29,06
2013	9.552,16	1.939,77	25,48
2014	9.805,55	253,39	2,65
2015	10.743,01	937,46	9,56
2016	11.481,06	738,05	6,87
2017	12.917,64	1.436,58	12,51
2018	10.558,96	−2.358,68	−18,26
2019	13.249,01	2.690,05	25,48
Gesamtentwicklung über die letzten 50 Jahre			15,01

Tabelle 7: Wertentwicklung DAX, 1969 - 2019, Quelle: Wikipedia

Empfehlung

Um an der globalen Wirtschaftsentwicklung teilzunehmen und zu profitieren reicht es vollständig aus, global, in den Emerging Markets und in Asien investiert zu sein.

Eine Investition in Aktien-Fonds bzw. ETFs der Anlageräume Europa (Stoxx Europe 600, MSCI Europe), Deutschland (DAX) oder in andere europäische Staaten empfehle ich zur Zeit nicht, weil hier meines Erachtens in den nächsten Jahren nicht mehr mit einem größeren Wachstum (= Rendite) zu rechnen ist.

Als Ausnahme möchte ich die USA nennen.

Obwohl in den meisten Aktien-Fonds Welt und ETFs MSCI World überrepräsentiert, kann es sich hier sehr wohl lohnen, einen Teil seines Vermögens gezielt in Aktien-Fonds oder ETFs mit dem Themenschwerpunkt USA oder Technologie zu investieren, weil die USA immer noch Weltmarktführer und Leitfigur in Sachen Technologieentwicklung sind.

Diese Anlagen locken nach wie vor mit hohen Renditen.

5.6 Aktien-Fonds und ETFs, Anlageschwerpunkt USA und Technologie

Was ist der MSCI USA?

- Einen **MSCI USA** gibt es nicht. Dafür aber vier große Aktienindizes, welche die Wirtschaftsmacht USA wirtschaftlich abbilden.

- Der **Dow Jones Industrial Average (DJIA)** oder einfach nur **Dow Jones Index** ist der älteste und bekannteste Aktienindex der USA und setzt sich aus den 30 größten (= wertvollsten) US-Unternehmen zusammen.
  Den **Dow Jones Index** gibt es seit 1896. Enthalten sind Unternehmen aus verschiedenen Industriezweigen mit Ausnahme von Transport und Versorgung. Diese beiden Wirtschaftszweige werden durch den Dow Jones Transportation Average und den Dow Jones Utility Average gesondert abgebildet.

- Der **S&P 500** (Standard & Poor's 500) umfasst die **500 größten Unternehmen** der USA, gewichtet nach ihrer Marktkapitalisierung.

- Im **NASDAQ-100** sind die 100 größten Aktien der Nicht-Finanzunternehmen gelistet.

- Dagegen umfasst der **Nasdaq Composite** über 3.000 Aktien.

Empfehlung

Wie weiter oben im Abschnitt **MSCI World** beschrieben, enthält dieser ca. 60 % Aktien aus dem amerikanischen Wirtschaftsraum.

D. h. ich empfehle hier keine konkrete Anlage in den **Dow Jones, S&P 500** oder in den **NASDAQ-100** bzw. den **Nasdaq Composite**, da diese Aktien schon im **MSCI World** berücksichtigt werden.

Wer dennoch, aufgrund der boomenden amerikanischen Wirtschaft, sein Depot „aufpeppen" möchte, dem empfehle ich zusätzlich in den

- **Dow Jones, S&P 500, NASDAQ-100, Nasdaq Composite** und/oder in einen
- **Branchenfonds / -ETF „Technologie"**

zu investieren.

Hier sind die Amerikaner nach wie vor Weltmarktführer und die Anlagen locken mit einer hohen Rendite.

Konkrete Vorschläge für Aktienfonds bzw. ETFs USA und Technologie

USA:

- **Aktienfonds** Morgan Stanley US Growth Fund (USD) I
  ISIN: LU0042381250;   WKN: 973402
  Gesamtkosten = 0,89 %/a, thesaurierend

- **ETF** Lyxor Russel 1000 Growth UCITS ETF – C-USD
  ISIN: FR0011119171;   WKN: LYX0MS
  Gesamtkosten = 0,19 %/a, thesaurierend

- **ETF** Lyxor ETF Dow Jones Industrial Average – D-EUR
  ISIN: FR0007056841;   WKN: 541779
  Gesamtkosten = 0,50 %/a, ausschüttend
  automatische Wiederanlage ab 75,-EUR Ausschüttung, sparplanfähig

Technologie:

- **Aktienfonds** Nordinternet
  ISIN: DE0009785303;   WKN: 978530
  Gesamtkosten = 1,21 %/a, thesaurierend

- **Aktienfonds** FTIF – Franklin Technology Fund A (acc) EUR
  ISIN: LU0260870158;   WKN: A0KEDE
  Gesamtkosten = 1,82 %/a, thesaurierend

- **ETF** Multi Units Lux. – Lyxor ETF MSCI World Information Tech. TR – C-EUR
  ISIN: LU0533033667;   WKN: LYX0GP
  Gesamtkosten = 0,30 %/a, thesaurierend

Entwicklung Dow Jones Industrial Average von 1969 - 2019 (über 50 Jahre)

Jahr	Schlussstand in Punkten	Veränderung in Punkten	Veränderung in %
1969	800,36	−143,39	−15,19
1970	838,92	38,56	4,82
1971	890,2	51,28	6,11
1972	1.020,02	129,82	14,58
1973	850,86	−169,16	−16,58
1974	616,24	−234,62	−27,57
1975	852,41	236,17	38,32
1976	1.004,65	152,24	17,86
1977	831,17	−173,48	−17,27
1978	805,01	−26,16	−3,15
1979	838,74	33,73	4,19
1980	963,99	125,25	14,93
1981	875	−88,99	−9,23
1982	1.046,54	171,54	19,6
1983	1.258,64	212,1	20,27
1984	1.211,57	−47,07	−3,74
1985	1.546,67	335,1	27,66
1986	1.895,95	349,28	22,58
1987	1.938,83	42,88	2,26
1988	2.168,57	229,74	11,85
1989	2.753,20	584,63	26,96
1990	2.633,66	−119,54	−4,34
1991	3.168,83	535,17	20,32
1992	3.301,11	132,28	4,17
1993	3.754,09	452,98	13,72
1994	3.834,44	80,35	2,14
1995	5.117,12	1.282,68	33,45

Tabelle 8: Wertentwicklung Dow Jones, 1969 - 2019, Quelle: Wikipedia

Entwicklung Dow Jones Industrial Average von 1969 - 2019 (über 50 Jahre)
Fortsetzung

Jahr	Schlussstand in Punkten	Veränderung in Punkten	Veränderung in %
1996	6.448,27	1.331,15	26,01
1997	7.908,25	1.459,98	22,64
1998	9.181,43	1.273,18	16,1
1999	11.497,12	2.315,69	25,22
2000	10.786,85	−710,27	−6,18
2001	10.021,50	−765,35	−7,10
2002	8.341,63	−1.679,87	−16,76
2003	10.453,92	2.112,29	25,32
2004	10.783,01	329,09	3,15
2005	10.717,50	−65,51	−0,61
2006	12.463,15	1.745,65	16,29
2007	13.264,82	801,67	6,43
2008	8.776,39	−4.488,43	−33,84
2009	10.428,05	1.651,66	18,82
2010	11.577,51	1.149,46	11,02
2011	12.217,56	640,05	5,53
2012	13.104,14	886,58	7,26
2013	16.576,66	3.472,52	26,5
2014	17.823,07	1.246,41	7,52
2015	17.425,03	−398,04	−2,23
2016	19.762,60	2.337.57	13,42
2017	24.719,22	4.956,62	25,08
2018	23.327,46	−1.391,76	−5,63
2019	28.462,14	5.134,68	22,01
Gesamtentwicklung über die letzten 50 Jahre			11,68

Tabelle 8: Wertentwicklung Dow Jones, 1969 - 2019, Quelle: Wikipedia

Entwicklung S&P 500 von 1969 - 2019 (über 50 Jahre)

Jahr	Schlussstand in Punkten	Veränderung in Punkten	Veränderung in %
1969	92,06	-11,80	-11,36
1970	92,15	0,09	0,10
1971	102,09	9,94	10,79
1972	118,05	15,96	15,63
1973	97,55	-20,50	-17,37
1974	68,56	-28,99	-29,72
1975	90,19	21,63	31,55
1976	107,46	17,27	19,15
1977	95,10	-12,36	-11,50
1978	96,73	1,63	1,71
1979	107,94	11,21	11,59
1980	135,75	27,81	25,77
1981	122,55	-13,20	-9,73
1982	140,64	18,09	14,76
1983	164,93	24,29	17,27
1984	167,24	2,31	1,40
1985	211,28	44,04	26,33
1986	242,17	30,89	14,62
1987	247,08	4,91	2,03
1988	277,72	30,64	12,40
1989	353,40	75,68	27,25
1990	330,22	-23,18	-6,56
1991	417,09	86,87	26,31
1992	435,71	18,62	4,46
1993	466,45	30,74	7,06
1994	459,27	-7,18	-1,54
1995	615,93	156,66	34,11

Tabelle 9: Wertentwicklung S&P 500, 1969 - 2019, Quelle: Wikipedia

Entwicklung S&P 500 von 1969 - 2019 (über 50 Jahre) Fortsetzung			
Jahr	Schlussstand in Punkten	Veränderung in Punkten	Veränderung in %
1996	740,74	124,81	20,26
1997	970,43	229,69	31,01
1998	1.229,23	258,80	26,67
1999	1.469,25	240,02	19,53
2000	1.320,28	−148,97	−10,14
2001	1.148,08	−172,20	−13,04
2002	879,82	−268,26	−23,37
2003	1.111,92	232,10	26,38
2004	1.211,92	100,00	8,99
2005	1.248,29	36,37	3,00
2006	1.418,30	170,01	13,62
2007	1.468,36	50,06	3,53
2008	903,25	−565,11	−38,49
2009	1.115,10	211,85	23,45
2010	1.257,64	142,54	12,78
2011	1.257,60	−0,04	0,00
2012	1.426,19	168,59	13,41
2013	1.848,36	422,17	29,60
2014	2.058,90	210,54	11,39
2015	2.043,94	−14,96	−0,73
2016	2.238,83	194,89	9,54
2017	2.673,61	434,78	19,42
2018	2.506,85	−166,76	−6,24
2019	3.221,29	714,44	28,50
Gesamtentwicklung über die letzten 50 Jahre			12,11

Tabelle 9: Wertentwicklung S&P 500, 1969 - 2019, Quelle: Wikipedia

Entwicklung NASDAQ-100 von 1985 - 2019 (über 34 Jahre)

Jahr	Schlussstand in Punkten	Veränderung in Punkten	Veränderung in %
1985	132,29		
1986	141,41	9,12	6,89
1987	156,25	14,84	10,49
1988	177,41	21,16	13,54
1989	223,84	46,43	26,17
1990	200,53	-23,31	-10,41
1991	330,86	130,33	64,99
1992	360,19	29,33	8,86
1993	398,28	38,09	10,57
1994	404,27	5,99	1,5
1995	576,23	171,96	42,54
1996	821,36	245,13	42,54
1997	990,8	169,44	20,63
1998	1.836,01	845,21	85,31
1999	3.707,83	1.871,81	101,95
2000	2.341,70	-1.366,13	-36,84
2001	1.577,05	-764,65	-32,65
2002	984,36	-592,69	-37,58

Tabelle 10: Wertentwicklung Nasdaq-100, 1985 - 2019, Quelle: Wikipedia

Entwicklung NASDAQ-100 von 1985 - 2019 (über 34 Jahre) Fortsetzung			
Jahr	Schlussstand in Punkten	Veränderung in Punkten	Veränderung in %
2003	1.467,92	483,56	49,12
2004	1.621,12	153,2	10,44
2005	1.645,20	24,08	1,49
2006	1.756,90	111,7	6,79
2007	2.084,93	328,03	18,67
2008	1.211,65	−873,28	−41,89
2009	1.860,31	648,66	53,54
2010	2.217,86	357,55	19,22
2011	2.277,83	59,97	2,7
2012	2.660,93	383,1	16,82
2013	3.592,00	931,07	34,99
2014	4.236,28	644,28	17,94
2015	4.593,27	356,99	8,43
2016	4.863,62	270,35	5,89
2017	6.396,42	1.532,80	31,52
2018	6.329,96	−66,46	−1,04
2019	8.709,72	2.379,76	37,60
Gesamtentwicklung über die letzten 34 Jahre			22,09

Tabelle 10: Wertentwicklung Nasdaq-100, 1985 - 2019, Quelle: Wikipedia

5.7 Aktien-Fonds und ETFs, Anlageschwerpunkt Japan

Was ist der MSCI Japan?

- Der **MSCI Japan** bildet die Entwicklung Japans ab. Der Index enthält ca. 324 große und mittlere japanische Unternehmen. Der Branchen-Schwerpunkt liegt auf „Nicht-Basiskonsumgüter", also ohne Branchen wie z. B. Automobilhersteller und Mode.

- Der wichtigste Aktienindex für Japan ist der **Nikkei 225**, die Kurzform für **Nikkei Heikin Kabuka** (dt. „Nikkei-Aktienpreis-Durchschnitt"). Der **Nikkei 225** ist der japanische Leitindex und der bedeutendste Aktienindex Asiens. Er basiert auf Kursen von 225 in Japan gehandelten Aktiengesellschaften.

Empfehlung

Japan ist die viertgrößte Volkswirtschaft hinter den USA, China und der EU und damit stärker als Deutschland.
Unter dem Blickpunkt der Aktienentwicklung der letzten 50 Jahre (siehe Tabelle nachfolgend) mit durchschnittlich 14,3 % Rendite pro Jahr und dem Gedanken der Diversifikation, haben japanische Anlagen durchaus ihren Reiz.

Entwicklung Nikkei 225 von 1969 - 2019 (über 50 Jahre)

Jahr	Schlussstand in Punkten	Veränderung in Punkten	Veränderung in %
1969	2.358,96	644,07	37,56
1970	1.987,14	−371,82	−15,76
1971	2.713,74	726,6	36,57
1972	5.207,94	2.494,20	91,91
1973	4.306,80	−901,14	−17,30
1974	3.817,22	−489,58	−11,37
1975	4.358,60	541,38	14,18
1976	4.990,85	632,25	14,51
1977	4.865,60	−125,25	−2,51
1978	6.001,85	1.136,25	23,35
1979	6.569,47	567,62	9,46
1980	7.116,38	546,91	8,33
1981	7.681,84	565,46	7,95
1982	8.016,67	334,83	4,36
1983	9.893,82	1.877,15	23,42
1984	11.542,60	1.648,78	16,66
1985	13.113,32	1.570,72	13,61
1986	18.701,30	5.587,98	42,61
1987	21.564,00	2.862,70	15,31
1988	30.159,00	8.595,00	39,86
1989	38.915,87	8.756,87	29,04
1990	23.848,71	−15.067,16	−38,72
1991	22.983,77	−864,94	−3,63
1992	16.924,95	−6.058,82	−26,36
1993	17.417,24	492,29	2,91
1994	19.723,06	2.305,82	13,24
1995	19.868,15	145,09	0,74

Tabelle 11: Wertentwicklung Nikkei 225, 1969 - 2019, Quelle: Wikipedia

Entwicklung Nikkei 225 von 1969 - 2019 (über 50 Jahre) Fortsetzung			
Jahr	Schlussstand in Punkten	Veränderung in Punkten	Veränderung in %
1996	19.361,35	-506,80	-2,55
1997	15.258,74	-4.102,61	-21,19
1998	13.842,17	-1.416,57	-9,28
1999	18.934,34	5.092,17	36,79
2000	13.785,69	-5.148,65	-27,19
2001	10.542,62	-3.243,07	-23,52
2002	8.578,95	-1.963,67	-18,63
2003	10.676,64	2.097,69	24,45
2004	11.488,76	812,12	7,61
2005	16.111,43	4.622,67	40,24
2006	17.225,83	1.114,40	6,92
2007	15.307,78	-1.918,05	-11,13
2008	8.859,56	-6.448,22	-42,12
2009	10.546,44	1.686,88	19,04
2010	10.228,92	-317,52	-3,01
2011	8.455,35	-1.773,57	-17,24
2012	10.395,18	1.939,83	22,94
2013	16.291,31	5.896,13	56,72
2014	17.450,77	1.159,46	7,12
2015	19.033,71	1.582,94	9,07
2016	19.114,40	80,69	0,42
2017	22.764,94	3.650,54	19,1
2018	20.015,00	-2.749,94	-12,08
2019	23.656,62	3.641,62	18,19
Gesamtentwicklung über die letzten 50 Jahre			14,28

Tabelle 11: Wertentwicklung Nikkei 225, 1969 - 2019, Quelle: Wikipedia

Konkrete Vorschläge für Aktienfonds bzw. ETFs Japan

➢ **Aktienfonds** Comgest Growth Japan JPY Acc
  ISIN: IE0004767087; WKN: 631026
  Gesamtkosten = 1,68 %/a, thesaurierend

➢ **Aktienfonds** Schroder ISF Japanese Smaller Companies JPY C
  ISIN: LU0106243982; WKN: 933401
  Gesamtkosten = 1,35 %/a, thesaurierend

5.8 Nachhaltige, umweltfreundliche und ethische Aktien-Fonds und ETFs (SRI)

Beispiele für SRI-Investments sind:

➢ **ETF** UBS MSCI World Socially Responsible UCITS ETF A
  ISIN: LU0629459743; WKN: A1JA1R
  Gesamtkosten = 0,38 %/a, ausschüttend
  automatische Wiederanlage ab 75,-EUR Ausschüttung, sparplanfähig

➢ **ETF** iShares Dow Jones Global Sustainability Screened UCITS ETF USD
  ISIN: IE00B57X3V84; WKN:A1H7ZT
  Gesamtkosten = 0,60 %/a, thesaurierend, sparplanfähig

- **ETF** UBS (LU) MSCI EMU Socially Responsible UCITS ETF
  ISIN: LU0629460675; WKN: A1JA1T
  Gesamtkosten = 0,28 %/a, ausschüttend

- **ETF** iShares MSCI Europe SRI UCITS ETF EUR (Acc) Share Class
  ISIN: IE00B52VJ196; WKN: A1H7ZS
  Gesamtkosten = 0,30 %/a, thesaurierend, sparplanfähig

- **Aktienfonds** LGT Sustainable Equity Fund Global Fund (EUR) B
  ISIN: LI0106892966; WKN: A0YF5E
  Gesamtkosten = 1,90 %/a, thesaurierend

- **ETF** iShares Dow Jones Eurozone Sustainability Screened UCITS ETF (DE)
  ISIN: DE000A0F5UG3; WKN: A0F5UG
  Gesamtkosten = 0,41 %/a, ausschüttend
  automatische Wiederanlage ab 75,-EUR Ausschüttung, sparplanfähig

- **ETF** iShares MSCI Emerging Markets SRI UCITS ETF USD (Acc)
  ISIN: IE00BYVJRP78; WKN: A2AFCZ
  Gesamtkosten = 0,35 %/a, thesaurierend, sparplanfähig

- **ETF** UBS MSCI Emerging Markets Socially Responsible UCITS ETF A-dis
  ISIN: LU1048313891; WKN: A110QD
  Gesamtkosten = 0,53 %/a, ausschüttend

5.9 Konkrete Beispiele für Immobilienfonds und Immobilien-ETFs, sowie REITs

Welt:

- **ETF** HSBC FTSE EPRA/NAREIT DEVELOPED UCITS ETF (DE)
  ISIN: DE000A1JXC78;   WKN: A1JXC7
  Gesamtkosten = 0,40 %/a, ausschüttend

- **ETF** HSBC FTSE EPRA/NAREIT Developed ETF
  ISIN: IE00B5L01S80;   WKN: A1JCM0
  Gesamtkosten = 0,40 %/a, ausschüttend

- **Fonds** Robeco Property Equities D EUR
  ISIN: LU0187079180;   WKN: A0CA0U
  Gesamtkosten = 1,68 %/a, thesaurierend

Europa:

- **Fonds** Janus Henderson Horizon Pan European Property Equities Fund A2 EUR
  ISIN: LU0088927925;   WKN: 989232
  Gesamtkosten = 1,96 %/a, thesaurierend

- **ETF** Xtrackers FTSE Developed Europe ex UK Real Estate UCITS ETF 1C
  ISIN: IE00BP8FKB21;   WKN: A118P8
  Gesamtkosten = 0,33 %/a, thesaurierend

➤ **ETF** iShares European Property Yield UCITS ETF EUR (Dist) Share Class
ISIN: IE00BOM63284;   WKN: A0HGV5
Gesamtkosten = 0,40 %/a, ausschüttend
automatische Wiederanlage ab 75,-EUR Ausschüttung, sparplanfähig

Asien:

➤ **ETF** iShares Asia Property Yield UCITS ETF USD (Dist) Share Class
ISIN: IE00B1FZS244;   WKN: A0LEQL
Gesamtkosten = 0,59 %/a, ausschüttend
automatische Wiederanlage ab 75,-EUR Ausschüttung, sparplanfähig

➤ **Fonds** First State Asian Property Securities Fund A Acc GBP
ISIN: GB00B1F76G03;   WKN: A0MYSQ
Gesamtkosten = 1,96 %/a, thesaurierend

USA:

➤ **ETF** iShares US Property Yield UCITS ETF USD (Dist) Share Class
ISIN: IE00B1FZSF77;   WKN: A0LEW6
Gesamtkosten = 0,40 %/a, ausschüttend
automatische Wiederanlage ab 75,-EUR Ausschüttung, sparplanfähig

5.10 Konkrete Beispiele für Anleihen und Rentenfonds /-ETFs

- **Rentenfonds**
  ETF ComStage iBoxx € Liquid Sovereigns Diversified 25+ TR UCITS ETF
  ISIN: LU0444606619;   WKN: ETF509
  Gesamtkosten = 0,12 %/a, ausschüttend

- **Rentenfonds**
  ETF Vanguard USD Treasury Bond UCITS ETF
  ISIN: IE00BZ163M45;   WKN: A143JN
  Gesamtkosten = 0,07 %/a, ausschüttend

- **Rentenfonds**
  Fonds Threadneedle Dollar Bond Fund 1 GBP Gross acc.
  ISIN: GB0002771946;   WKN: 987839
  Gesamtkosten = 1,21 %/a, thesaurierend

- **Rentenfonds**
  ETF iShares $ Corp Bond UCITS ETF USD (Dist) Share Class
  ISIN: IE0032895942;   WKN: 911950
  Gesamtkosten = 0,20 %/a, ausschüttend

- **Rentenfonds**
  ETF Xtrackers II Eurozone Government Bond 15-30 UCITS ETF
  ISIN: LU0290357507;   WKN: DBX0AJ
  Gesamtkosten = 0,15 %/a, thesaurierend

- **Rentenfonds**
  ETF VanEck Vectors iBoxx EUR Sovereign Diversified 1-10 UCITS ETF
  ISIN: NL0009690254;   WKN: A1J7LH
  Gesamtkosten = 0,15 %/a, ausschüttend

- **Rentenfonds**
  ETF Vanguard USD Corporate Bond UCITS ETF
  ISIN: IE00BZ163K21;   WKN: A143JM
  Gesamtkosten = 0,09 %/a, ausschüttend

- **Rentenfonds**
  ETF iShares Euro Government Bond 7-10 UCITS ETF EUR (Acc)
  ISIN: IE00B3VTN290;   WKN: A0X8SM
  Gesamtkosten = 0,20 %/a, thesaurierend

- **Rentenfonds**
  ETF Xtrackers EUR Credit 12.5 Swap UCITS ETF 1C
  ISIN: IE00B3Z66S39;   WKN: A1C1PC
  Gesamtkosten = 0,35 %/a, thesaurierend

6. Absicherung

Jetzt kommen wir zu einem brisanten Thema: Die Absicherung.

Wie sichern wir unser so schön über die Jahre gestiegene Vermögen gegen einen Absturz im Crash-Fall ab?

Bevor wir das Thema angehen, möchte ich Sie zu einem Exkurs entführen und mit der Absicherung unserer Depotanlage an einen Punkt beginnen, an dem Sie wahrscheinlich noch gar nicht an „Absicherung" denken würden. Es gibt nichts ärgerlicheres, als nach einer gut gelaufenen Gewinnperiode, im Aktienjargon auch **Hausse** (franz. für Anstieg, Steigerung) oder **Bullenmarkt** genannt, mit ansehen zu müssen, wie in einer Schwächephase, auch **Baisse** (franz. für Rückgang, Abnahme) oder **Bärenmarkt** genannt, die ganzen Gewinne wieder dahinschmelzen.

Hier möchte ich mit der Absicherung anfangen:

Nehmen Sie frühzeitig Gewinne mit!

Tipp:

➢ Verkaufen Sie nach 25 % Wertsteigerung 25 % Ihrer Wertpapieranteile.

➢ Verkaufen Sie nach 50 % Wertsteigerung 50 % der verbliebenen Wertpapieranteile.

➢ Verkaufen Sie nach 100 % Wertsteigerung den Rest Ihrer Wertpapieranteile.

Zurück zur Absicherung im Crash-Fall.
Dabei kann es sehr schnell passieren, dass unsere Anlagen auf nur noch 50 % oder gar nur noch 20 % ihres vorherigen Wertes fallen! Und das, obwohl wir unser Vermögen gut gestreut (diversifiziert) in unterschiedliche Anlageklassen angelegt haben! Die meisten Autoren der einschlägigen Literatur empfehlen ihren Lesern, eine Krise oder gar den Crash, auszusitzen, d. h. abzuwarten, bis sich die wirtschaftliche Lage weltweit bessert und die Aktienkurse wieder im Wert steigen.

Diesen Rat halte ich für verantwortungslos.

Sparpläne lassen wir weiter laufen. Ja, das ist sogar dringend zu raten. Wer seine Sparrate im Krisenfall erhöhen kann, sollte das tun. Immerhin erwirbt man somit regelmäßig eine erhöhte Menge an Fondsanteilen, welche unserer Anlage nach der Erholung einen gehörigen Kick geben können.

Aber die Verluste meines Vermögens möchte ich dann doch irgendwie begrenzen.

Wer kann denn vorhersagen, wie lange die Erholung braucht? Ich bin nicht gewillt 5 – 10 Jahre abzuwarten, bis mein Vermögen wieder den Wert von vor dem Crash erreicht hat.

Deshalb halte ich das **Setzen von Stopp Loss-Kursen** für meine Anlagen für die bessere Lösung.

Viele Direkt-Banken und Online-Broker bieten das Setzen, die Löschung und eine Änderung dieser (und anderer) Order kostenlos an. Diese Möglichkeit sollten wir nutzen.

Hierbei favorisiere ich mittlerweile **die Stopp Loss Limit-Order**, mit der man einen Kurs setzen kann (Stopp Loss) ab dessen Unterschreitung die Anlage verkauft werden soll und gleichzeitig mit einem zweiten Kurs, dem Limit, einen Wert vorgibt, der beim Verkauf nicht unterschritten werden darf.

Damit begrenze ich meine Verluste.

Risiko: Fallen die Kurse so schnell, dass mein Limit „überfahren" wird, ohne dass die Bank oder der Broker meine Anteile verkaufen konnte, bleibe ich auf meinen Anteilen sitzen und muss mit dem Wertverlust leben.

Andererseits: Stehe ich mich dann nicht schlechter als jene, die den o. g. von vielen „Finanzexperten" empfohlenen Rat des „Aussitzens" gefolgt sind. Dann muss ich eben diese Anlage(n) auch „aussitzen".

Solange eine Wertanlage nicht verkauft wurde, wurde auch kein Verlust realisiert!

Man muss nur Zeit zum „Aussitzen" mitbringen und darf dieses Geld nicht kurzfristig benötigen.

Für die Absicherung des Depots, sprich das Setzen der Stopp Loss-Order, **fallen**, wie weiter oben schon geschrieben, bei den meisten Online-Banken und Online-Broker **keine Gebühren an.** Erst bei bzw. nach der Ausführung einer Order fallen Ordergebühren und evtl. zusätzliche Börsenplatzgebühren an. Auch für den anschließenden Wiedereinstieg, nachdem die Börsenkurse einen Boden gefunden haben, sind Transaktionskosten für den Fondskauf zu berücksichtigen. Trotz dieser zweimalig auftretenden Transaktionskosten für Verkauf und erneuten Einkauf der Fondsanteile halte ich eine Vermögensabsicherung durch automatische Stopp Loss-Order aus dreierlei Gründen für die bessere Alternative:

1. Es schont die Nerven, wenn man seine Anlagen im Crash-Fall zu einem selbst gewählten Kurs veräußern und anschließend die Krise entspannt von außen beobachten kann.

2. Stellt man die Transaktionskosten für den Verkauf und den anschließenden Wiedereinstieg in die Anlage in Relation zu dem „geretteten" Vermögen, relativieren sich diese von selbst.

3. Hat man so die Chance sein „gerettetes" Vermögen zu deutlich günstigeren Kursen wieder anzulegen und gleichzeitig neu zu ordnen, indem man nicht (wieder) in jene Anlagen einsteigt, von denen man nicht mehr überzeugt ist.

Bei diesem „Wiedereinstieg", sobald der Absturz seinen Boden gefunden hat und weitere Kursverluste weniger wahrscheinlich sind, erwirbt man für die gleiche Summe deutlich mehr Anteile, als man vor dem Absturz hatte.

> **Steigen die Kurse wieder auf das Niveau von vor der Krise, ist man deutlich vermögender als zuvor!**

Hinweis:

> In der Praxis hat sich während der **Ansparphase** ein Stopp Loss Limit von -15 % zum Kaufkurs bewährt. Kleinere Abschläge haben bei mir in der Vergangenheit, durch die stark volatilen (= schwankungsanfälligen) Kursentwicklungen, immer wieder zu ungewollten Verkäufen geführt, ohne dass ein Börsenabsturz erfolgte.

Zur **Vermögenssicherung** und wenn schon über einen längeren Zeitraum (größer als zwei Jahre) angespart wurde, favorisiere ich einen kleineren Stopp-Kurs von -10 % und ein Stopp Loss-Limit von -12 % des aktuellen Kurswertes. Diese Werte sollen Ihnen nur als Anhalt dienen. Letztendlich müssen Sie entscheiden, bei welchem Kurs Sie Ihre Wertpapiere abstoßen möchten.

Hinweis:

Greifen bei einem kurzfristigen Absturz der Börsen die gesetzten Stopp Loss-Order, werden Ihre Wertpapiere verkauft und der Erlös Ihrem Depot-Verrechnungskonto gutgeschrieben. Das ist erst mal gut so und in Ordnung, weil Sie damit in die Lage versetzt werden, mit diesem Geld wieder günstig in Ihre Wertpapiere einzusteigen.

Weitet sich der oben genannte „kurzfristige Absturz" aber zu einem weltweiten Börsencrash aus, und die Banken, darunter auch Ihre Bank, kommen in Schwierigkeiten, sollten Sie berücksichtigen, dass sämtliche Bargeldeinlagen oberhalb der staatlichen Sicherungsgrenze von 100.000,- EUR pro Person und pro Bank Gefahr laufen, vom Staat konfisziert (= eingezogen) zu werden.

So zuletzt gesehen 2013 in Zypern.

Sie sollten daher keine Bargeldreserven größer als 100.000,- EUR pro Person auf Ihren Depot-Verrechnungskonten lagern und im Crashfall versuchen Ihr Barvermögen gleichmäßig auf alle verfügbaren Konten verschiedener Banken zu verteilen.

> Sollte ein Börsencrash eintreten und Ihre Stopp Loss-Limits greifen und Ihre Wertpapieranteile verkaufen, geraten Sie nicht in Panik. Sie haben Ihr Geld und damit Ihr Vermögen gesichert. Die Absicherung Ihrer Depotbestände und damit Ihres Vermögens hat funktioniert. Das ist doch eine gute Nachricht!

Wiedereinstieg

Mein Fehler ist, leider immer wieder, zu früh wieder in den Markt einzusteigen und mein gesichertes Vermögen schon zu investieren, bevor der Absturz seinen Boden gefunden hat. So sehe ich mich regelmäßig in der Situation, mein Vermögen gerettet zu haben, nur um durch zu frühes Neu-Investieren doch noch Verluste zu sehen und aussitzen zu müssen.

Vermeiden Sie diesen Fehler!

Warten Sie erst einmal vier Wochen ab und beobachten den Markt, bevor Sie wieder einsteigen.

Investieren Sie zu früh und die Börsenkurse fallen weiter, müssen Sie mit den Wertverlusten leben, die Sie mit ein bisschen mehr Geduld vermieden hätten.

Das Setzen von Stopp Loss-Kursen unterlasse ich in der Phase des Neueinstiegs, um mir die Ordergebühren eines nochmaligen Verkaufs durch die neuen Stopp Loss-Order zu ersparen. Sollten die Kurse nach meinem Wiedereinstieg weiter fallen, muss ich eben meine „Papierverluste" aussitzen, wie schon weiter oben beschrieben.

7. Rebalancing = jährliche Überprüfung der Anlagestrategie

Einmal im Jahr, ich nutze dafür immer die Zeit zwischen Weihnachten und Neujahr, sollten Sie sich Ihre Depotauszüge zur Hand nehmen und

- ➢ kontrollieren, ob die Zusammensetzung Ihres Depots, damit meine ich die Mischung (= Diversifikation) der verschiedenen Anlageklassen (Aktien-Fonds und ETFs, Immobilien-Fonds, Anleihen und Rentenfonds, sowie Gold und Barvermögen), Ihrer ursprünglichen Strategie (renditeorientiert, werterhaltend, andere) entspricht.
- ➢ kontrollieren, ob die einzelnen Anlageprodukte sich so entwickelt haben, wie von Ihnen erwartet.
  Sollte sich die Rendite einer oder mehrerer Anlagen in Ihrem Depot schlechter entwickelt haben als erwartet bzw. geplant, lohnt es sich darüber nachzudenken, diese Posten zu verkaufen und den Verkaufserlös in eine neue Anlage mit besseren Renditeaussichten zu investieren.

Tipp:

Trennen Sie sich von Anlagen, die im letzten Jahr keine Rendite erwirtschaftet haben.

Kontrolle der Zusammensetzung des Depots

Im Laufe des Jahres kann es durchaus passieren, dass sich eine Anlageklasse, z. B. Aktien, besser entwickelt als die andere, z. B. Immobilien. Das bedeutet aber auch, dass durch diesen unterschiedlichen Wertezuwachs nach einem Jahr die Werteverteilung nicht mehr der ursprünglichen Auslegung (= Strategie) Ihres Depots entspricht.

Angenommen, Sie haben Ihr Vermögen nach dem im Kapitel 1.3 beschriebenen „werterhaltenden/sicherheitsorientierten" Depot angelegt:

Durch die (angenommene) gute Entwicklung des Aktienmarktes hat sich die Werteverteilung der Anlageklassen derart verändert, dass Sie plötzlich deutlich mehr Vermögen in Aktien-Fonds und ETFs besitzen, als in Immobilien und Gold. Durch diesen stärkeren Vermögenszuwachs in Aktien, hat sich Ihr Depot von ursprünglich „werterhaltend/sicherheitsorientiert" mit 30 % Aktienanteil zu „renditeorientiert/wertsteigernd" mit nunmehr z. B. 50 % Aktienanteil verschoben. Damit ist Ihr Depot anfälliger für Kursverluste bei Börsenkrisen geworden.

Um diese „Verschiebung" wieder zu korrigieren und das Depot zurück auf „werterhaltend" auszurichten, müssen Sie den prozentuellen Anteil der Aktienanlagen (Aktien-Fonds und ETFs) wieder auf 30 % reduzieren, oder die anderen Anlageklassen (Immobilien-Fonds, Anleihen und Rentenfonds, Gold) anteilmäßig erhöhen.

Zur Erinnerung:

Im „werterhaltenden/sicherheitsorientierten" Depot sind die Anlageklassen Aktien-Fonds /-ETFs mit 30 %, Immobilien-Fonds / -ETFs und Gold mit 25 % und die Anlageklasse Anleihen und Rentenfonds /-ETFs mit 10 % vertreten. Die verbleibenden 10 % des Vermögens haben wir in kurzfristig verfügbarem Tagesgeld und Bargeld angelegt.

Für diese „**Wiederherstellung der ursprünglichen Depotausrichtung**", auch **Rebalancing** genannt, können Sie drei Strategien anwenden:

1. **Sie verkaufen die überschüssigen Aktienfonds- /ETF- Anteile und kaufen Immobilien und Gold dazu.**
Dazu verkaufen Sie so viele Aktienfonds- bzw. ETF-Anteile und kaufen von dem Erlös zusätzliche Immobilen- und Gold-Anteile hinzu, bis Sie wieder die ursprüngliche Werteverteilung dieser Anlageklassen erreicht haben.

2. **Sie verkaufen nur den überschüssigen Aktienfonds- /ETF-Anteil.**
Sie verkaufen so viele Aktienfonds- / ETF-Anteile, bis die ursprüngliche Depot-Aufteilung wieder hergestellt ist.

3. **Sie kaufen Immobilien-Fonds und Gold dazu.**
Sie kaufen so lange Immobilien-Fonds und Gold dazu, bis ihr Depot wieder die ursprüngliche Aufteilung der Anlageklassen erreicht hat.

Hierbei hilft uns unser 10 %-iger Tagesgeld- und Bargeldanteil.

➢ **Auch eine Kombination aller drei Strategien ist erlaubt.**

Empfehlung:

Alle drei oben genannte Maßnahmen zum Rebalancing (= Wiederausrichtung) des Depots sind gleich gut. Keine der Strategien ist besser oder schlechter.
Vielmehr sollten Sie die Maßnahme wählen, welche gerade am besten zu Ihrer persönlichen Lebenssituation passt.

Planen Sie in Kürze eine größere Summe auszugeben, weil z. B. ein neues Auto oder eine neue Küche ansteht, bietet sich die Strategie 2 an, bei der Sie nur den Überschuss an Aktien-Fonds bzw. ETF-Anteilen verkaufen und den Erlös für die geplante größere Anschaffung verwenden.
Strategie 2 bietet sich auch an, wenn Sie regelmäßig (einmal im Jahr) eine „Geldspritze" bevorzugen.

> Wenn Sie jetzt daran denken, sich diese „Geldspritze" monatlich auszuzahlen, muss ich Sie enttäuschen. Ein monatliches Rebalancing ist nicht wirtschaftlich! Sie müssten so oft Positionen verkaufen und auch wieder kaufen, dass die dabei anfallenden „Ordergebühren" Ihnen die Rendite erheblich reduzieren. Diese Vorgehensweise ist nicht mehr wirtschaftlich!

Stehen keine größeren Ausgaben an, und Sie möchten Ihr Vermögen möglichst gewinnbringend für sich arbeiten lassen, und die Immobilien-Fonds als auch der Goldpreis befinden sich nicht gerade auf neuen Höchstständen, rate ich Ihnen zu Strategie 3, indem Sie Immobilien-Fonds und Gold nachkaufen.

Sie sehen, je nach Ihrer persönlichen Lebenssituation und aktueller Vorliebe, kann es durchaus sein, dass Sie, über einen längeren Zeitraum betrachtet, alle drei Strategien zu Ihrem Vorteil einsetzen.

8. Konkreter Anlagevorschlag für ein Vermögen von 100.000,- EUR

8.1 Guthaben-Zinssatz von 0 % auf Festgeld und Tagesgeld

Die Aufbewahrung von 100.000,- EUR auf einem deutschen Sparbuch oder Girokonto (= sicher!) „erwirtschaftet" mit derzeit 0 % Zinsen und einer **Inflation von 2 %** einen Wertverlust bzw. **Kaufkraftverlust von 2.000,- EUR pro Jahr!**

- ➤ **Nach 5 Jahren beträgt dieser Kaufkraftverlust schon fast 10.000,- EUR!**
- ➤ **Nach 35 Jahren hat sich Ihr Vermögen halbiert!**

Vermögensaufbau in der Niedrigzinsphase

Wertverlust nach Jahren	0	2	5	10
Wertverlust	0,00 €	-3.883,12 €	-9.426,92 €	-17.965,17 €
Vermögen	100.000,00 €	96.116,88 €	90.573,08 €	82.034,83 €

Wertverlust nach Jahren	20	30	35	40
Wertverlust	-32.702,87 €	-44.792,91 €	-49.997,24 €	-54.710,96 €
Vermögen	67.297,13 €	55.207,09 €	50.002,76 €	45.289,04 €

Tabelle 12: Wertverlust bei 2 % Inflation

8.2 Konkrete Aufteilung der o. g. 100.000,- EUR

„werterhaltende" Anlage von 100.000,- EUR

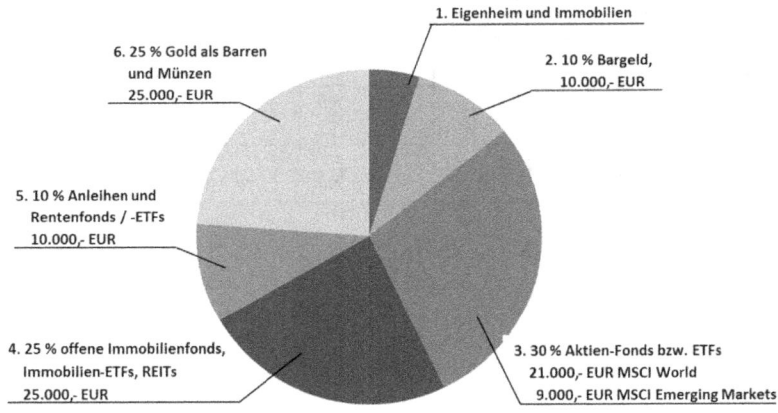

Diagramm 3: konkrete Vermögensaufteilung, sicherheitsorientiert

1 = **Eigenheim und andere Immobilien**
→ Wird aus der prozentualen Vermögensaufteilung herausgelassen.

2 = **10 % Bargeld**, kurzfristig verfügbar
→ Gelagert auf einem Tagesgeld- bzw. Girokonto oder bar zu Hause.
= **10.000,- EUR**

3 = 30 % Aktien-Fonds (ETFs)
→ 70 % Anlageschwerpunkt MSCI World
→ 30 % Anlageschwerpunkt MSCI Emerging Markets
= 30.000,- EUR

21.000,- EUR in einen ETF MSCI World, z. B.

➤ **ETF** iShares Dow Jones Global Titans 50 UCITS ETF (DE)
ISIN: DE0006289382   WKN: 628938
Gesamtkosten = 0,51 %/a, ausschüttend
automatische Wiederanlage ab 75,-EUR Ausschüttung, sparplanfähig

➤ **ETF** Vanguard FTSE Developed World UCITS ETF
ISIN: IE00BKX55T58;   WKN: A12CX1
Gesamtkosten = 0,12 %/a, ausschüttend

9.000,- EUR in einen ETF MSCI Emerging Markets, z. B.

➤ **ETF** Amundi MSCI Emerging Markets UCITS ETF EUR (A)
ISIN: LU1681045370;   WKN: A2H58J
Gesamtkosten = 0,20 %/a, thesaurierend

➤ **ETF** Vanguard FTSE Emerging Markets UCITS ETF
ISIN: IE00IB3VVMM84; WKN: A1JX51
Gesamtkosten = 0,22 %/a, ausschüttend
automatische Wiederanlage ab 75,-EUR Ausschüttung, sparplanfähig

4 = 25 % offene Immobilienfonds, Immobilien-ETFs, REITs,

= 25.000,- EUR gleichmäßig verteilt auf z. B.

- ➤ 8.333,- EUR
  Welt
  ETF HSBC FTSE EPRA/NAREIT DEVELOPED UCITS ETF (DE)
  ISIN: DE000A1JXC78;   WKN: A1JXC7
  Gesamtkosten = 0,40 %/a, ausschüttend

- ➤ 8.333,- EUR
  Europa
  ETF iShares European Property Yield UCITS ETF EUR (Dist) Share Class
  ISIN: IE00BOM63284;   WKN: A0HGV5
  Gesamtkosten = 0,40 %/a, ausschüttend
  automatische Wiederanlage ab 75,-EUR Ausschüttung, sparplanfähig

- ➤ 8.333,- EUR
  Asien
  ETF iShares Asia Property Yield UCITS ETF USD (Dist) Share Class
  ISIN: IE00B1FZS244;   WKN: A0LEQL
  Gesamtkosten = 0,59 %/a, ausschüttend
  automatische Wiederanlage ab 75,-EUR Ausschüttung, sparplanfähig

5 = 10 % Anleihen und Rentenfonds / -ETFs

= **10.000,- EUR**

➢ Obwohl in der aktuellen Null-Zins Phase Anleihen und Rentenfonds /-ETFs nur sehr geringe Zinsen abwerfen, ist diese Anlageform doch ein wichtiger Baustein, um sein Depot zu stabilisieren. Zuletzt gesehen in der „Corona-Krise" im März 2020, wo selbst Gold an Wert verlor, weil sich die Finanzinvestoren Geld (Liquidität) beschaffen mussten.

➢ Leider sind Anleihen und Rentenfonds /-ETFs derzeit keine lukrative Anlage. Renditeorientierte Anleger können auch hingehen und den 10 %-igen Vermögensanteil dieser Anlageklasse, bzw. einen Teil davon, in Aktienfonds, ETFs, Immobilienfonds oder Gold investieren. Dabei sollten Sie aber unbedingt mit relativ engen Stopp Loss-Limit Kursen Ihren Aktienanteil absichern. Hierbei empfehle ich einen Stopp-Kurs von -10 % und ein Stopp Loss-Limit von -12 % des aktuellen Kurswertes.

6 = 25 % Gold

= **25.000,- EUR verteilt auf Gold** als Anlage-Barren oder Anlage-Münze z. B.

- ➤ 3 x 100 g Barren für 4.350,- EUR/Stück = **13.050,- EUR**

- ➤ 1 x 100 g Combi Cube a 1 g Barren für 4.830,- EUR/Stück = **4.830,- EUR**

- ➤ 1 Set **Anlagemünzen Krügerrand** oder **Maple Leaf** mit

1 x 1 oz	für	1.400,- EUR
2 x ½ oz	für	720,- EUR
4 x ¼ oz	für	380,- EUR
10 x 1/10 oz	für	160,- EUR

  5.960,- EUR

- ➤ **Summe = 23.840,- EUR**

Hinweis:

Die hier vorgeschlagene Aufteilung (Stückelung) der persönlichen „Goldreserve" ist nur als Beispiel gedacht.

Selbstverständlich steht es Ihnen frei, selbst zu entscheiden, mit welcher Stückelung (Barren und/oder Münzen) Sie investieren möchten.

Mit dem obigen Vorschlag möchte ich Ihnen nur aufzeigen, welche Möglichkeiten und **Kombinationen** man unter Verwendung **von Anlage-Barren** (günstiger im Einkauf) und **Anlage-Münzen** (einfacher zu verkaufen, bzw. in einer Krise besser zu handhaben) umsetzbar sind.

8.3 Anlagestrategie

Beim Anlegen großer Vermögen in Aktien-Fonds oder ETFs empfiehlt es sich, je nach aktueller Marktsituation, diese Fonds im Rahmen einer

- **Einmalanlage** zu kaufen, wenn die Kurse gerade überdurchschnittlich tief stehen, oder
- **gestückelt**, d. h. „Häppchenweise" **über einen Sparplan** zu kaufen.

Der **Sparplan** hat den Vorteil, dass Monat für Monat eine festgelegte Summe in Fonds-Anteile investiert wird und so über die Laufzeit die Summe der Einzelkäufe günstiger (= niedriger) ist, als eine Einmalanlage mit einer hohen Kaufsumme bei einem hohen Aktienkurs.
→ Sehen Sie hierzu auch die Tabelle 14 zum Cost-Average Effekt weiter hinten in Kapitel 9.6.

Zum Zeitpunkt des Jahreswechsels 2019 / 2020 empfehle ich die Vorgehensweise des gestückelten Sparplan-Kaufs, weil die Aktienkurse weltweit 2019 gut gelaufen sind und deshalb auf einem hohen Niveau, in der Nähe ihrer Höchststände, stehen. Nach einem Börsenrücksetzer, z. B. wie im März 2020, kann man auch wieder mit größeren Summen einsteigen.

Ich rate nicht dazu, aufgrund vermeintlich zu hoher Aktienkurse, sein Vermögen einfach nur auf einem Festgeld-, Tagesgeld- oder Giro-Konto zu parken und jahrelang auf einen günstigen Einstiegskurs zu warten.

Dann hätte ich mir dieses Büchlein und besonders das Kapitel 8.1 mit Aufzeigen des Kaufkraftverlustes über einen längeren Zeitraum sparen können.

Die schlechteste Entscheidung die Sie treffen können ist, aufgrund zu hoher Aktienkurse erst gar nicht in Aktien-Fonds und ETFs einzusteigen!

Sollten Ihnen die Aktienkurse zu hoch sein, empfehle ich Ihnen per Sparplan stückchenweise zu investieren und ggf., wie in Kapitel 6 beschrieben, Ihre Anlagen gegen Verluste abzusichern bzw. zu begrenzen.

Sollte der Markt kurzfristig abstürzen (siehe März 2020), hat man die Chance günstig einzusteigen; sollte der Markt weiter laufen, bleibt man über seine Sparpläne investiert.

Immobilien-Fonds, -ETFs, REITs und Gold sind zum Jahreswechsel 2019 / 2020 „normal" bewertet.
Hier würde ich direkt mit der gesamten zur Verfügung stehenden Anlagesumme einsteigen!

Teil 2: Die praktische Umsetzung

Wie man es machen muss

9. Fondskauf konkret

Im vorherigen Teil 1 haben Sie viel über das Anlegen in Aktien-Fonds, ETFs, Immobilien-Fonds und Gold gehört, wissen, mit welcher Verteilung (Strategie) Sie ihr Vermögen „renditeorientiert" oder „sicherheitsorientiert" anlegen und sind sicherlich ganz heiß darauf, sofort loszulegen.

Aber wie?, fragen Sie sich sicher.

Das möchte ich Ihnen in diesem Teil 2 am Beispiel der Online-Bank ING-DiBa zeigen, welche beispielhaft für jede andere Online-Bank oder auch jeden Online-Broker steht. Die Anmelde-Szenarien sind ähnlich.

Eine Online-Bank habe ich deshalb ausgewählt, weil Online-Banken, als auch Online-Broker, die kostengünstigste Möglichkeit bieten Wertpapiere zu handeln und zu lagern.

Jetzt aber los!

Nutzen wir Ihre Motivation aus dem vorhergehenden Teil 1 und schreiten zur Tat.

9.1 Eröffnung eines Depots

Egal, ob Sie sich für eine Filialbank, eine Online-Bank oder einen Online-Broker entscheiden, zum Kaufen, Lagern und Verkaufen von Wertpapieren, zu denen auch Aktien-Fonds, ETFs und Immobilien-Fonds gehören, benötigen Sie ein **Depot** in dem Ihre Wertpapiere verwahrt (gelagert) werden und ein **Verrechnungskonto**, über dem alle Bezahlvorgänge abgerechnet werden.
Aus Kostengründen rate ich Ihnen zu einem Online-Broker oder einer Online-Bank.
Einen Preis-Leistungs-Vergleich finden Sie recht schnell im Internet mit Hilfe der Suchbegriffe „Vergleich Online Broker" oder „Vergleich Online Depots" und ähnliche.

Worauf bei der Auswahl eines für Sie geeigneten Depot-Anbieters zu achten ist, habe ich weiter oben im **Kapitel 3 „Wo kauft man einen Aktien-Fonds bzw. einen ETF?"** beschrieben.

Haben Sie sich für einen Online-Broker oder eine Online-Bank mit kostenlosem Online-Depot entschieden, rufen Sie deren Web-Seite im Internet auf und suchen nach der Option *„Depot eröffnen"*.

Praxis-Beispiel „Anmelden bei einer Online Bank" am Beispiel der ING-DiBa

Für die ING-DiBa tippen Sie in Ihrem Internetbrowser „*ing*" oder „*diba*".
Bei den Suchergebnissen klicken Sie auf den Link https://www.ing.de.

Das sich öffnende Fenster „*Kurz die Cookies, dann geht's weiter*" können Sie unbedenklich „*Annehmen*".
Die Cookie-Einstellung ist von der DiBa auf das Minimum der „technischen und funktionalen Cookies" voreingestellt.

Nun haben Sie die **Startseite** der **ING-DiBa** vor sich.

Wenn Sie die Seite runterscrollen, finden Sie in der Regel eine Schaltfläche „*Zum Direkt-Depot*".
Nach einem Klick auf diese Schaltfläche erscheint ein neues Fenster mit einer roten Schaltfläche „*Depot eröffnen*" oben rechts.
Klicken Sie mit der Maus auf dieses Feld. Es erscheint eine Eingabeseite „*Direkt Depot eröffnen*" der ING-DiBa.

Bitte beantworten Sie alle Fragen der Rubriken

- → Allgemein
- → Persönliche Daten
- → Kontaktdaten
- → Steuerpflicht im Ausland.

Tipp:

Geben Sie die Telefon-Nummer ohne jegliche Sonderzeichen, also ohne +, -, /, Leerzeichen usw. ein.

Sind alle Eintragungen getätigt, klicken Sie unten rechts auf das orangefarbene Feld „> *Übernehmen*".

Es öffnet sich eine zweite Seite auf der Sie Ihr aktuelles Giro-Konto als Referenzkonto für das kostenlose Extrakonto, so heißt das Depot-Verrechnungskonto bei der ING-DiBa, angeben.

Vorteil:
Es kann nur Geld zwischen Ihrem hinterlegten Giro-Konto und dem DiBa-Extrakonto transferiert werden. Das heißt, sollte aus irgendeinem Grund eine fremde Person Zugang zu Ihrem Extra-Konto erhalten haben, ist es dieser Person nicht möglich Ihr Guthaben auf ein anderes als das von Ihnen hinterlegte Giro-Konto (= Referenzkonto) zu transferieren.

Sollte der/die Täter(in) auch im Besitz der Zugangsdaten für Ihr Giro-Konto sein, gehe ich davon aus, dass Sie schon die Polizei eingeschaltet haben.

Als nächstes müssen Sie der Bank Auskunft über Ihre Erfahrungen im Wertpapiergeschäft geben. Die Banken/Broker sind dazu gesetzlich verpflichtet und die Angabe hilft uns Privatanlegern insofern, dass wir eine Warnung erhalten, wenn wir versuchen Wertpapiere zu kaufen, dessen Risiko nicht unserem Erfahrungsprofil entspricht.
Die Bank/der Broker verbietet uns nicht den Kauf dieses risikobehafteten Wertpapieres.

Wir erhalten nur einen Hinweis, dass das Wertpapier, welches wir erwerben möchten, nicht unserem Risiko- bzw. Erfahrungsprofil entspricht. Nach Bestätigung der Warnung werden wir zu der Kaufmaske weitergeleitet.

Tipp:

Als unerfahrener Anleger rate ich dazu, bei der Abfrage nach den *„Erfahrungen mit Wertpapiergeschäften"* die Antwort *„bis 1 Jahr"* anzugeben, um zu vermeiden, dass Sie bei jedem Kauf von „sicheren" Wertpapieren, die aber dennoch Verluste erzeugen können – und das kann bei jedem Aktien-Fonds, ETF, Immobilien-Fonds, u. a. passieren – eine Warnung erhalten.

Anschließend werden Sie nach der Häufigkeit Ihrer Transaktionen (= Wertpapier-Käufe) innerhalb der letzten drei Jahre für unterschiedliche Produktgruppen mit zunehmenden Risiko gefragt.

- **Produktgruppe A** – Anleihen & anleiheähnliche Produkte
  ↳ Antwortvorschlag „1 – 5"

- **Produktgruppe B** – Aktien & aktienähnliche Produkte
  ↳ Antwortvorschlag „1 – 5"

- **Produktgruppe C** – Sonstige Fonds & fondsähnliche Produkte
  ↳ Antwortvorschlag „1 – 5"

- **Produktgruppe D** – Anlagezertifikate & ähnliche Produkte
  ↳ Antwortvorschlag „0"

- **Produktgruppe E** – Hebelprodukte & sonstige Produkte mit erhöhtem Risiko
  ↳ Antwortvorschlag „0"

Diese Informationen können Sie jederzeit ändern.

Möchten Sie mit Wertpapieren der beiden Produktgruppen D + E handeln, müssen Sie diese nach Abschluss der Depoteröffnung im Bereich „*Service*" gesondert freischalten. Lassen Sie die beiden Wertpapierklassen ruhig gesperrt. Umso wirkungsvoller ist die Warnung, wenn Sie versehentlich ein stark risikobehaftetes Wertpapier handeln möchten.

Mit diesen Angaben erhalten Sie von der Online-Bank/Online-Broker die Möglichkeit frei zu entscheiden, mit welchen Wertpapieren Sie handeln möchten, ohne im Nachhinein diese für Ihr Handeln verantwortlich machen zu können.

Bei allen Wertpapiergeschäften über Online-Banken/Online-Broker handelt es sich um „beratungsfreie" Angebote, für die nur Sie selbst die Verantwortung tragen.

Als letzten Schritt der Anmeldung müssen Sie nun nur noch

→ die Geschäftsbedingungen für das Direkt-Depot und das Extra-Konto,
→ das Preis-Leistungs-Verzeichnis und
→ den Informationsbogen für den Einleger

lesen, herunterladen, abspeichern und Ihre Aktion mit einem Häkchen bestätigen.

Mit einem Klick auf „**> Depot jetzt eröffnen**" bekommen Sie Ihre Angaben noch einmal übersichtlich zusammengestellt und schicken mit einem abschließenden Mausklick auf „**> Ausführen**" den Depot-Eröffnungsantrag weg.

Der Depot-Eröffnungsantrag wird Ihnen abschließend als PDF angezeigt. Diesen müssen Sie ausdrucken und unterschreiben. Mit Hilfe des **Post-Ident-Verfahrens** weisen Sie sich in Ihrer Post-Filiale aus (= Legitimation) und schicken die unterschriebenen Unterlagen kostenfrei an die ING-DiBa.

Nach wenigen Tagen erhalten Sie Ihre Zugangsdaten, wie Depot-Nummer, Extra-Konto und eine TAN-Liste separat per Post zugestellt.

Mit diesen Daten schalten Sie Ihr Depot und Extra-Konto im Internet frei und können mit Ihren Wertpapiergeschäften (= Investment) starten.

9.2 In mein Depot / Extra-Konto einloggen

Zum Einloggen in Ihr Depot/Extra-Konto legen Sie sich bitte folgende Informationen zurecht:

- Ihre 10-stellige Extra-Konto-Nummer oder Ihre 10 stellige Depotnummer,
- Ihre Internetbanking PIN und
- Ihren DiBa-Key.

Diese Daten sollten Sie per Post von der ING-DiBa als Zugangsdaten zur Erstanmeldung erhalten haben.

Die Internetbanking PIN und den DiBa-Key sollten Sie nach der Erstanmeldung ändern.

Geben Sie nun in Ihrem Internetbrowser „ing" oder „diba" ein und klicken Sie auf das angezeigte Suchergebnis https://www.ing.de, nehmen die Cookies an und klicken oben rechts der ING-DiBa-Seite auf die Schaltfläche *„Login Banking"*.

➢ In das Eingabefeld der **„Zugangsnummer"** geben Sie die letzten 10 Stellen Ihrer Extra-Konto-Nummer oder Ihre 10 stellige Depotnummer ein.

➢ Anschließend tragen Sie in das zweite Feld **„Internetbanking PIN"**
  → zur **Erstanmeldung** die per Post erhaltene zehnstellige Internetbanking PIN ein, welche Sie umgehend nach der Erstanmeldung ändern sollten.
  → für **jede weitere Anmeldung** die von Ihnen neu festgelegte Internetbanking PIN ein.

Die neue Internetbanking PIN sollte mindestens 12 Zeichen lang sein und aus Buchstaben, Zahlen und Sonderzeichen bestehen, als auch Groß- und Kleinschreibung beinhalten.

Schreiben Sie sich die Zugangsdaten (10-stellige Konto- oder Depot-Nummer und Ihre Internetbanking PIN) gut leserlich auf und lagern Sie diese Daten an einem unauffälligen aber sicheren Ort.

➢ Klicken Sie nun unten links auf „*> Log-in*" und geben Sie mit dem Mauszeiger über die Bildschirmtastatur die zwei Ziffern Ihres sechsstelligen **DiBa-Keys** ein, deren Positionen markiert angezeigt werden.

→ Auch den **DiBa-Key** erhalten Sie zur Erstanmeldung mit Ihren Zugangsdaten per Post. Nach Erstanmeldung, werden Sie, wie bei der Internetbanking PIN, aufgefordert einen neuen DiBa-Key festzulegen. Dieser muss immer sechsstellig sein und darf nur aus Zahlen bestehen.

Notieren Sie sich auch den DiBa-Key.

Mit einem Klick auf „*> Log-in*" gelangen Sie zu der Übersichtsseite Ihres Depots und Extra-Kontos mit den Rubriken

- **Gesamtsaldo,**
- **Sparen** mit dem Extra-Konto und
- **Investieren** mit dem Direkt-Depot.

- Verlassen Sie das Internet-Banking immer mit „*Log-out*" oben rechts!

9.3 Ein Wertpapier kaufen

Bevor Sie ein Wertpapier kaufen können, müssen Sie den Betrag, den Sie investieren möchten zuzüglich der zu erwartenden Zusatzkosten (Orderkosten, Provision, Börsenplatzgebühren, u. a.) von Ihrem Giro-Konto auf Ihr Extra-Konto, das ja als Verrechnungskonto für Ihre Wertpapiergeschäfte dient, überweisen.

Damit die Orderkosten beim Wertpapierkauf nicht schon beim Kauf die Rendite auf Jahre hinweg reduzieren, empfehle ich Ihnen, pro Wertpapier bzw. pro Order mindestens 2.500,- EUR zu investieren.
Von kleineren Anlagesummen rate ich aus Renditesicht ab.
Ausnahme: Sparpläne, die wir in Kapitel 9.6 Sparpläne besprechen.

Wertpapierkauf mit einer Anlagesumme von [EUR]	Orderkosten Direkthandel ING-DiBa [EUR]	Anteil der Orderkosten ING-DiBa in %
100	5,15	5,15%
500	6,15	1,23%
2.500	11,15	0,45%
5.000	17,40	0,35%
10.000	29,90	0,30%
25.000	67,40	0,27%
50.000	69,90	0,14%

Tabelle 13.1: Orderkosten ING-DiBa in Abhängigkeit der Investitionssumme, Stand Januar 2020

Wertpapierkauf mit einer Anlagesumme von [EUR]	Orderkosten Direkthandel DKB [EUR]	Anteil der Orderkosten DKB in %
100	10	10,00%
500	10	2,00%
2.500	10	0,40%
5.000	10	0,20%
10.000	10	0,10%
25.000	25	0,10%
50.000	25	0,05%

Tabelle 13.2: Orderkosten DKB in Abhängigkeit der Investitionssumme, Stand Januar 2020

Wertpapierkauf mit einer Anlagesumme von [EUR]	Orderkosten Direkthandel Onvista [EUR]	Anteil der Orderkosten Onvista in %
100	8,50	8,50%
500	8,50	1,70%
2.500	8,50	0,34%
5.000	8,50	0,17%
10.000	8,50	0,09%
25.000	8,50	0,03%
50.000	8,50	0,02%

Tabelle 13.3: Orderkosten Onvista in Abhängigkeit der Investitionssumme, Stand Januar 2020

Anmerkung zu Tabelle 13:

- Die **ING-DiBa** ist ein Tochterunternehmen der niederländischen ING Groep und eine Online-Direktbank mit dem Hauptsitz in Frankfurt/Main. Die ING-DiBa garantiert die Sicherheit der Einlagen nach dem Deutschen Einlagensicherungsgesetz.
Die Preisangaben in der Tabelle entsprechen dem Preisverzeichnis vom Januar 2020 mit Ordergebühren von 4,90 EUR + 0,25 % der Kaufsumme, jedoch max. 69,90 EUR.

- Die **DKB** (Deutsche Kreditbank) ist ein Kreditinstitut (Online-Bank) mit Sitz in Berlin und eine hundertprozentige Tochtergesellschaft der Bayerischen Landesbank.
Die Preisangaben in der Tabelle entsprechen dem Preisverzeichnis vom Januar 2020 mit Ordergebühren von 10,- EUR für Aufträge bis 10.000,- EUR und 25,- EUR für Aufträge größer 10.000,- EUR.
Die Einlagen sind im Rahmen der Entschädigungseinrichtung des Bundesverbandes Öffentlicher Banken Deutschlands GmbH bis 100.000,- EUR pro Person abgesichert.

- Die **Onvista-Bank** als Marke der Comdirect Bank AG, ist ein Online-Broker mit Sitz in Frankfurt, der mit verschiedenen Banken Kooperationen für den Onlinehandel geschlossen hat.
Die Preisangaben von 8,50 EUR in der Tabelle entsprechen einem realen Durchschnittspreis vom Januar 2020, welcher auf eigene Erfahrung beruht.
Im Preisverzeichnis vom Januar 2020 verlangt Onvista für das Festpreis-Depot eine Ordergebühr von 5,- EUR + ggf. 2,- EUR Handelsplatzentgelt + ggf. Fremdkosten.
Die Onvista-Bank ist dem Deutschen Einlagensicherungsfonds angeschlossen.

Haben Sie eine ausreichende Summe auf Ihr Extra-Konto überwiesen, melden Sie sich, wie in Kapitel 9.2 beschrieben an und öffnen durch Anklicken des *„Direkt-Depots"* unter der Rubrik *„Investieren"* Ihr Depot, welches aktuell noch leer ist. Unterhalb der Überschrift *„Depotbewertung"* finden Sie eine Menüzeile mit den Befehlen *„> Ordermanager"*, *„> Kaufen"*, *„> Verkaufen"*, *„> Wertpapiersparen"*, *„> Kapitalmaßnahmen"* und *„mehr v"*.

Um ein Wertpapier zu kaufen, klicken Sie auf *„> Kaufen"* in der oben genannten Menüzeile.

Bei der ersten Anmeldung müssen Sie einmal die *„Nutzungsbedingungen"* akzeptieren, bevor sich eine neue Seite mit der Überschrift *„Direkt-Depot"* und der Depot-Nummer darunter öffnet. Rechts daneben wird die **„Buying Power"** angezeigt.

Das ist derjenige Geldbetrag, der Ihnen frei zum Investieren, d. h. zum Kauf der Wertpapiere zur Verfügung steht. Sind keine Kauforder angelegt, entspricht dieser Betrag dem Wert Ihres Extra-Kontos. Haben Sie schon eine oder mehrere Kauforder angelegt, zeigt die „Buying Power" die frei zur Verfügung stehende Investitions-Summe, d. h. das Vermögen auf dem Extra-Konto abzüglich aller bestehenden Kaufaufträge inkl. deren Gebühren, an.

Das ist sehr hilfreich, weil man dadurch immer im Blick hat, mit welcher Summe man noch weitere Wertpapiere erstehen kann. Eine Kauforder, welche diese Summe übersteigt, wird nicht angenommen. Man kann also nicht auf Kredit kaufen, was ich persönlich sehr befürworte.

In der nächsten Zeile finden wir die Rubrik *„Wertpapier auswählen"*, mit einem dazugehörigen Eingabefeld. Hier können Sie die ISIN, die WKN oder den Namen des Wertpapiers eingeben, das Sie kaufen möchten.
Nach der Eingabe von ISIN oder WKN öffnet ein Klick auf *„Übernehmen"* rechts vom Eingabefeld eine **Übersichtsseite verschiedener Handelsplätze** für das Wertpapier.
Haben Sie nur einen Wertpapiernamen eingegeben, der in mehreren Wertpapieren geführt wird, wie z. B. „Deutsche Bank", öffnet sich eine Auswahlliste aller zur Verfügung stehenden Wertpapiere mit „Deutsche Bank" im Namen.
In unserem Beispiel steht die Deutsche Bank Aktie an oberster Stelle der angezeigten Liste verschiedener Wertpapiere mit „Deutsche Bank" im Namen.
Nach Auswahl des von Ihnen gewünschten Wertpapiers (z. B. die Deutsche Bank Aktie) gelangen Sie auch auf die oben erwähnte Übersichtsseite der Handelsplätze.

> **Ich empfehle Ihnen, immer eine eindeutige Eingabe mittels WKN oder ISIN vorzunehmen.**

Zur Erinnerung:

- **ISIN** ist die Internationale Wertpapierkennnummer, engl. **I**nternational **S**ecurities **I**dentification **N**umber zur weltweit gültigen Identifizierung eines Wertpapieres.

- **WKN** ist die deutsche **W**ertpapier-**K**enn-**N**ummer und dient zur Identifizierung von an deutschen Börsen gehandelten Wertpapieren.

Eine gültige **ISIN und WKN** ist die Voraussetzung für Wertpapiere, um an den deutschen Börsen gehandelt werden zu können.

Beispiel:

Geben wir nun die WKN 628938 für den ETF iShares Dow Jones Global Titans 50 UCITS ETF (DE), aus dem werterhaltenden Depotvorschlag in Kapitel 8.2 in das oben beschriebene Eingabefeld zu „Wertpapier auswählen" ein und klicken auf „> *übernehmen*", wird genau dieser ETF mit Name, ISIN und WKN in der Übersichtsseite der möglichen Handelsplätze angezeigt.

Hinweis:

Es gibt Wertpapierkennnummern, die aus einer Buchstaben-Zahlenkombination bestehen, wie z. B. die WKN A0HGV0 für den ETF iShares MSCI World UCITS ETF USD Dist.
Dabei ist „0" immer die Ziffer „Null"; der Buchstabe „O" wird nicht verwendet!

Zurück zu unserem Beispiel-Fonds, WKN 628938:

Wenn sich die *Übersichtsseite verschiedener Handelsplätze* öffnet, werden zuerst nur drei Handelsplätze angezeigt.
Klicken Sie auf „*> weitere Inlandsbörsen*" unten links, werden weitere Börsenplätze angezeigt.
Damit können Sie die verschiedenen Börsenplätze besser miteinander vergleichen.

> **Idealerweise wählen Sie für Ihre Kauforder den Börsenplatz mit dem größten Angebot (= Handelsvolumen) aus.**

Den aktuellen Kaufpreis an diesem Handelsplatz sollten Sie nicht überbewerten. Sie kaufen mit einem Limit. Das heißt, erst wenn Ihr Kauf-Limit erreicht oder unterschritten wird, wird Ihre Kauforder ausgeführt. Dazu kommen wir jetzt.

Wenn Sie den von Ihnen ausgesuchten Börsenplatz anklicken, öffnet sich ein weiteres Fenster zur Eingabe von
→ **Stückzahl,**
→ **Limit** und
→ **Gültigkeitszeitraum** der Order.

Bild 1: Eingabemaske zum Wertpapierkauf bei der ING-DiBa

Stückzahl

In das Feld für die Stückzahl geben Sie die Anzahl der Fondsanteile ein, die Sie kaufen möchten. Die Eingabe hat in ganzen Stücken zu erfolgen. Eine Komma-Zahl ist nicht erlaubt.

Mit der Eingabe der Stückzahl werden automatisch die Gesamtkosten für den Kaufauftrag nach dem aktuellen Börsenkurs errechnet und rechts neben dem Eingabefeld angezeigt.

Limit

Im nächsten Schritt wählen Sie *„Limit"* zur Eingabe eines Kauf-Limits an.

Es öffnet sich ein weiteres Eingabefeld, in dem Sie den maximalen Preis pro Stück eintragen, den Sie bereit sind für das Wertpapier auszugeben.

Schon ändern sich die Gesamtkosten rechts neben dem Stückzahlfeld.
Diese Summe können Sie mit Ihrer Buying Power weiter oben vergleichen und entscheiden, ob Sie Ihre Stückzahlangabe noch einmal ändern möchten und, wenn ja, ändern.

> **Merke:**
> **Legen Sie für eine Kauforder immer ein Kauf-Limit fest!**

Gültigkeitszeitraum

Für das Feld „**Order gültig bis**" wählen wir den Zeitraum „*Maximal*" aus der Vorauswahl der angezeigten Möglichkeiten und bestätigen unsere Wahl mit „*> Übernehmen*".

Der Bildschirm springt in eine neue Ansicht mit der Zusammenfassung Ihrer Eingaben.
Diese prüfen Sie bitte konzentriert und schließen die Kauforder mit Eingabe der geforderten iTAN aus Ihrer iTAN-Liste ab.

Tipp:

Planen Sie mehrere Käufe bzw. Transaktionen, können Sie mit einem Häkchen auf „**Session-iTAN**" festlegen, dass nur eine iTAN für alle nachfolgenden Aufträge verwendet wird. Das spart Zeit und TAN-Nummern.

Mit „*> zahlungspflichtig kaufen*" wird der Auftrag abgeschlossen und an die Börse geschickt.

Sämtliche Order (Kauf- und Verkaufsaufträge) die Sie angelegt haben, können Sie jederzeit in Ihrem „**Ordermanager**" einsehen, löschen oder ändern.

➤ Verlassen Sie das Internet-Banking immer mit „*Log-out*" oben rechts!

Info:

Auch wenn Sie jede Order mit „> *zahlungspflichtig kaufen*" freigeben (müssen), entstehen Ihnen damit erst einmal keine Kosten.

Die Order an sich ist kostenfrei und kann, solange Sie nicht ausgeführt wurde, kostenfrei gelöscht oder geändert werden. Erst, wenn der Auftrag ausgeführt wurde, fallen Orderkosten und ggf. zusätzliche Provisionskosten und Handelsplatzgebühren, sowie Transaktionsentgelte, an.
Die „Zusatzkosten" sind börsenplatzabhängig und von Börse zu Börse unterschiedlich.
Nach Abschluss einer Kauforder heißt es, sich in Geduld zu üben und abzuwarten, bis der Kurs Ihres Wertpapiers das von Ihnen vorgegebene Kauf-Limit erreicht oder unterschreitet und die Order ausgeführt wird.
Die von Ihnen festgelegten Anteile (= Stückzahl) werden gekauft und Ihrem Depot gutgeschrieben.
An Ihre Postbox wird eine Abrechnung geschickt, die Sie am besten in einem festen Depot-Ordner (= Verzeichnis) auf Ihrem Rechner bzw. einem externen Speichermedium abspeichern.

Jedes Mal, wenn die DiBa Ihnen eine Information, z. B. eine Wertpapierabrechnung, in die Postbox stellt, werden Sie per E-Mail darüber informiert.

Hinweis zu den Börsenplätzen

Am kostengünstigsten und in der Regel sehr liquide sind die Börsenplätze

→ **Direkthandel** und
→ **Xetra**.

Die meisten Aktien und damit auch Fonds und ETFs werden an der **Frankfurter Börse**, Deutschlands größten Börsenplatz, gehandelt. Viele Fonds und ETFs findet man auch an der **Stuttgarter Börse**. Hier sind allerdings die Handelsplatzgebühren etwas teurer als an der Frankfurter Börse oder an der Xetra und im Direkthandel.

Tipp:

Wenn ich ein Wertpapier kaufen oder verkaufen möchte, vergleiche ich immer innerhalb der Börsenzeiten (9:00 Uhr bis 17:30 Uhr, XETRA) welches Volumen (wie viele Stücke) „meines" Wunsch-Fonds an den verschiedenen Börsenplätzen gehandelt werden und entscheide mich dann meistens für den Börsenplatz mit dem größten Handelsvolumen für meinen Auftrag.
Diese Vorgehensweise gilt gleichermaßen für den Kauf, als auch den Verkauf von Fonds und Fondsanteilen.
Diese Information nutze ich auch für die Stopp Loss Limit-Order, die ich zur Absicherung meiner Fondsanteile (siehe auch Kapitel 6. Absicherung) setze.

9.4 Ein Wertpapier verkaufen

Haben Sie erfolgreich Wertpapiere (z. B. Aktienfonds, -ETFs, Immobilienfonds, -ETFs, usw.) erworben und möchten eine oder mehrere dieser Anlagen wieder verkaufen, melden Sie sich, wie in Kapitel 9.2 beschrieben, bei Ihrem Online-Broker/Ihrer Online-Bank an und Klicken, am Beispiel der ING-DiBa, in der Rubrik *„Investieren"* auf Ihr **„Direkt-Depot"**.

In der Befehlszeile unterhalb der Überschrift *„Depotbewertung"* der sich neu öffnenden Seite mit der Übersicht Ihrer Depotbestände klicken Sie auf „> **Verkaufen"**.

Es öffnet sich die Seite *„Wertpapier verkaufen"* mit einer Auflistung Ihrer Depotbestände und einer **„Verkaufen"**-Schaltfläche rechts neben jedem Einzelposten.

Klicken Sie auf die **„Verkaufen"**- Schaltfläche des Wertpapieres, das Sie verkaufen möchten, öffnet sich die vom Kaufvorgang bekannte Seite der *„Börsenplatz-Übersicht"*.

Wie beim Kaufvorgang, erhalten Sie dadurch eine Übersicht über den Kurs und die handelbare Stückzahl (Volumen) für jeden verfügbaren Börsenplatz.

Mit Anklicken des Schriftfeldes „> **weitere Inlandsbörsen"** wird die angezeigte Übersicht um weitere Börsenplätze erweitert.

Wählen Sie die Börse mit dem besten Preis, bzw. dem größten handelbaren Wertpapiervolumen aus, erscheint, wie beim Kaufvorgang, die Maske zur Eingabe von

→ **Stückzahl,**
→ **Limit** und
→ **Gültigkeitszeitraum** der Order,

mit dem Unterschied, dass das Feld „Stückzahl" schon mit der in Ihrem Depot befindlichen Stückzahl ausgefüllt ist.

Bild 2: Eingabemaske zum Wertpapierverkauf bei der ING-DiBa

Stückzahl

Selbstverständlich können Sie die vorgegebene Stückzahl beliebig überschreiben. Dabei sind, im Gegensatz zum Kauf eines Wertpapieres auch Kommazahlen zulässig, d. h. Sie können auch Bruchstücke eines ganzen Anteils verkaufen. Es sollte allerdings klar sein, dass Sie nur maximal die Stückzahl verkaufen können, die Sie im Depot verfügbar haben.
Ein „Leerverkauf" ist nicht möglich.

Hinweis:

Analog zum Kaufvorgang sind auch beim Verkaufen die beiden Börsenplätze **„Direkthandel"** und **„XETRA"** die beiden kostengünstigsten.
Die anderen Inlandsbörsen verlangen eine höhere Handelsplatzgebühr und zusätzliche Transaktionskosten bzw. Courtage.

Limit

Haben Sie die Stückzahl übernommen oder eine andere Stückzahl eingetragen, wählen Sie aus der Vorauswahl des „*Limittyps*" den Befehl „Limit" aus und tragen in das sich öffnende Eingabefeld den Verkaufspreis ein, den Sie mindestens für Ihre Anteile erzielen möchten.

> **Merke:**
> **Legen Sie auch für den Verkauf eines Wertpapieres immer ein Limit fest!**

Damit stellen Sie sicher, dass Ihre Wertpapieranteile immer mindestens mit dem von Ihnen als Verkaufs-Limit angegebenen Wert verkauft werden (oder höher) und nicht bei einem plötzlichen Kurssturz „verramscht" (d. h. weit unter Wert verkauft) werden.

Gültigkeitszeitraum

Aus dem Auswahlmenü des Feldes „*Order gültig bis*" wählen Sie „**Maximal**" und schließen Ihre Eingabe mit Anklicken der Schaltfläche „**> Übernehmen**" ab.

Ihre Angaben werden noch einmal übersichtlich dargestellt, die Sie nach eingehender Kontrolle mit Eingabe der geforderten iTAN-Nummer aus Ihrer iTAN-Liste abschließen.

Auch hier können Sie, wie beim Kauf, durch Anwählen der „*Session-iTAN*" mehrere Aufträge mit nur einer iTAN erledigen.

Mit „**> Zahlungspflichtig verkaufen**", unten rechts, wird der Verkaufs-Auftrag abgeschickt.

Es wird Ihnen noch einmal eine Zusammenfassung der Verkaufsdaten angezeigt und Sie können wählen, ob Sie sich den „Ordermanager" anzeigen lassen, oder ob Sie einen weiteren Verkauf tätigen möchten.

> Verlassen Sie das Internet-Banking immer mit „*Log-out*" oben rechts!

9.5 Absichern des Depots mit einer Stopp-Loss-Order

9.5.1 Allgemeines

Was ist eine Stopp Loss-Order?

Sinn und Zweck einer Stopp Loss-Order ist, unser Vermögen gegen Kurseinbrüche abzusichern und Verluste zu begrenzen.

Mit einer Stopp Loss-Order legt man eine Grenze (Kurs) fest, bei dessen Unterschreitung die Wertpapieranteile für die diese Order angelegt wurde automatisch bestens, d. h. für den nächsten Kurs, verkauft werden.

Anders als beim „Limit" zum Verkauf, das beim „Überschreiten" dieser Marke wirkt, reagiert die Stopp Loss-Order nur bei fallenden Kursen. Solange die Märkte und damit auch die Kurse steigen, passiert gar nichts. Erst wenn die Kurse einbrechen und der von uns gesetzte Stopp Loss-Kurs unterschritten wird, startet der Verkaufsauftrag.

Im Fachjargon sagt man: „Gewinne laufen lassen und Verluste begrenzen."

Deshalb sollte man in der Praxis, bei steigenden Kursen, seine Stopp Loss-Kurse regelmäßig „nachziehen", d. h. an die neue Kurssituation anpassen und erhöhen.
Das kann man auch automatisiert (dynamisch) von dem Online-Broker oder der Online-Bank erledigen lassen. Ich persönlich favorisiere jedoch eine manuelle Anpassung ca. alle 500 DAX-Punkte.

Beispiel

Durch einen plötzlichen Kurssturz fallen die Aktienkurse und damit auch unsere Aktienfonds weltweit um 40 % auf nur noch 60 % ihres ursprünglichen Wertes. Damit hätten wir auch 40 % an Vermögen verloren, wenn wir unsere Fondsanteile verkaufen würden oder müssten.

Hieraus ergeben sich zwei Strategien:

1. **Die „Stillhaltestrategie"**
   Man macht gar nichts, behält die Nerven (nicht verkaufen!) wartet ab und sitzt die Krise aus.

In der Regel haben sich die Börsen nach ca. 2 Jahren wieder so weit erholt, dass sich die Kurse auf dem Stand von vor dem Crash befinden. Damit ist Ihr Vermögen auch wieder auf dem Stand von vor dem Crash und Sie können von weiteren Kurssteigerungen profitieren.

2. Die „Absicherungsstrategie"

Man setzt „**Stopp Loss-Kurse**" bzw. „**Stopp Loss Limit-Kurse**", um sein Vermögen vor allzu großen Verlusten zu schützen.

Im Beispiel oben, hätten wir mit einem „Stopp Loss-Kurs von -15 % des aktuellen Wertes von vor dem Crash unsere Fondspapiere mit 15 % Abschlag verkauft und dafür die Geldsumme in Cash auf unserem Verrechnungskonto überwiesen bekommen.

Fallen nun die Kurse weiter, wie in unserem Beispiel auf bis zu -40 %, können wir beruhigt zusehen und bei wieder ansteigenden Kursen, z. B. wenn die Kurse wieder von 60 % Restwert auf 65 % ansteigen, neue Fondsanteile kaufen.

Dabei bekommen wir für unser vorhandenes Geld (geparktes Cash) aufgrund des niedrigen Kurses mehr Fondsanteile, als wir vor dem Crash besessen haben. Mit einer fortschreitenden Erholung steigen unsere Fondsanteile weiter im Wert und bei Erreichen des Kurses von vor dem Crash haben wir deutlich mehr Fondsanteile in unserem Depot und sind dadurch vermögender als vorher. Wir sind gestärkt aus der Krise gekommen.

Deshalb favorisiere ich die „**Absicherungsstrategie**".

9.5.2 Besonderheit „Stopp Loss Limit-Order"

Neben der oben beschriebenen **„Stopp Loss-Order"** gibt es noch einen verwandten Befehl, die sogenannte **„Stopp Loss Limit-Order"** oder einfach nur **„Stopp Limit-Order"**.
Hierbei legen wir als Auftraggeber einen **„Stopp Loss-Kurs"** fest, ab dessen Unterschreitung sich unsere Order in eine Verkaufsorder wandelt und geben einen **„Limit-Kurs"** an, bis zu dessen Wert unsere Fondsanteile verkauft werden dürfen.

Vorteil:

Wir bestimmen schon bei der Festlegung der **„Stopp Loss Limit-Order"** welchen Preis wir beim Verkauf unserer Fondsanteile im Krisenfall mindestens erhalten.
Damit sichern wir uns vor einem „Ausverkauf" unserer Anteile ab, welche sonst zu einem beliebig günstigen Preis verkauft werden könnten.

Nachteil:

Verläuft der Kurseinbruch (Crash) sehr schnell und heftig, kann es passieren, dass unser Limit „überfahren" wird und die Bank/der Broker unsere Fondsanteile nicht zu unseren Bedingungen verkaufen konnte.
Damit bleiben wir auf unseren Anteilen sitzen und die **„Stopp Loss Limit-Order"** hat nichts gebracht.
Aber: In diesem Fall sind uns keine Kosten entstanden und wir haben ja auch immer noch die Fondsanteile im Depot und müssen nun die Krise, wie bei der „Stillhaltestrategie" aussitzen.

9.5.3 Wie setze ich eine Stopp Loss- bzw. Stopp Loss Limit-Order?

Hierzu melden Sie sich, wie im Kapitel 9.2 beschrieben, bei Ihrem Online-Broker/Ihrer Online-Bank an und öffnen, am Beispiel der ING-DiBa, Ihre Depotübersicht durch Klicken auf Ihr „**Direkt-Depot**" unter der Überschrift „*Investieren*".
Um die „**Stopp Loss Limit-Aufträge**" zur Absicherung Ihres Depots anzulegen, müssen Sie den Befehl „**> Verkaufen**" aus der Menüzeile unterhalb der Überschrift „*Depotbewertung*" wählen und für jeden einzelnen Posten Ihres Bestandes einen Verkaufsauftrag anlegen.

Das erfolgt wie im „*Kapitel 9.4 Ein Wertpapier verkaufen*", beschrieben, nur dass Sie bei der Auswahlmaske „**Limittyp**" nicht den Befehl „Limit", sondern „**Stopp Loss mit Limit**" wählen.

Es öffnen sich zwei neue Eingabefelder:
→ **links** ein Eingabefeld für die „**Stopp Loss**"-Summe und
→ **rechts** ein Eingabefeld für das „**Limit**".

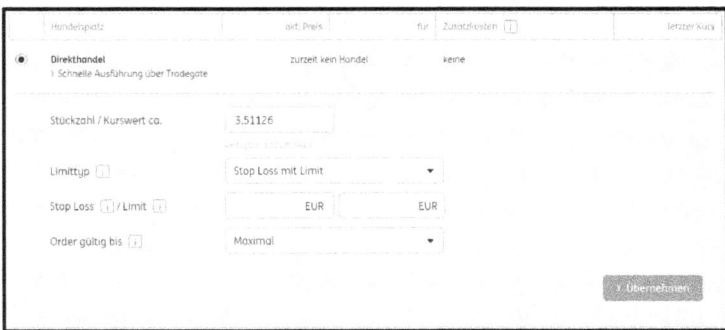

Bild 3: Eingabemaske zum „Stopp Loss Limit"-Verkauf bei der ING-DiBa

In das Eingabefeld für die „**Stopp Loss**"-Summe geben Sie die Preisgrenze ein, bei deren Unterschreiten Sie das Wertpapier verkaufen möchten.

Das „**Limit**" gibt an, welchen Preis Sie mindestens für Ihre Wertpapieranteile erhalten möchten.

Mit „> **Übernehmen**" und Eingabe der **iTAN** wird der Auftrag abgeschlossen.

Tipp:

Bei der Erstanlage von Stopp Loss Limit-Order für mehrere Aktienfonds ist die Verwendung der iTAN als „**Session-iTAN**" sehr hilfreich.

Wird nun, im Umfeld sinkender Aktienkurse, der von Ihnen vorgegebene „**Stopp Loss-Kurs**" unterschritten, startet Ihr Online-Broker/Ihre Online-Bank den Verkauf Ihrer Fondsanteile und achtet dabei darauf, dass Sie mindestens Ihr angegebenes „**Limit**" pro Anteil erhalten.

Vor- und Nachteil dieses Ordertyps habe ich im vorherigen Kapitel 9.5.2 beschrieben.

9.5.4 Welche Grenzen setzt man vernünftigerweise?

Das ist keine einfache Frage und hängt letztendlich von Ihrer persönlichen Risikobereitschaft ab.

Da aber ein Investment in Aktienfonds /-ETFs und auch in Immobilienfonds /-ETFs immer mit einem Restrisiko und damit mit einer gewissen Wertschwankung verbunden ist, woraus ja letztendlich die höhere Rendite dieser Anlageformen resultiert, stelle ich Ihnen einen aus meiner Sicht vernünftigen Kompromiss zwischen Risikovermeidung und Praxistauglichkeit vor.

➢ Setzen Sie die Grenzen zu eng, werden Ihre Wertpapiere schon beim kleinsten Rücksetzer verkauft und Sie verlieren Rendite durch die dauernd anfallenden Kauf- und Verkaufskosten.

➢ Setzen Sie die Grenzen zu weit, reagieren Sie zu spät bei einer wirklich heftigen Krise und verkaufen Ihre Wertpapieranteile mit einem großen Abschlag.

Bei mir hat sich in der Praxis bewährt, für **Wertpapieranlagen, welche ich weniger als zwei Jahre besitze, bzw.** die in meinem Besitz noch **weniger als 15 % Rendite zum Kaufkurs erwirtschaftet haben,** einen **Stopp Loss-Kurs von -15 % zum aktuellen Kurswert** festzulegen. Damit vermeide ich, dass meine Fonds bei jedem kleinen Kursabfall (Rücksetzer) verkauft werden. Schließlich möchte ich meine Wertpapiere ja für mich arbeiten lassen und „nur" gegen eine größere Krise (Einbruch) absichern.

Das heißt aber auch, dass Fonds oder ETFs, die ich gerade erst gekauft habe, bei einem Kursrutsch mit Verlust verkauft werden. Das sollte Ihnen bewusst sein, um Enttäuschungen vorzubeugen. Dafür haben Sie es aber in der Hand, diesen Verlust durch das Setzen „Ihres" persönlichen „Stopp Loss-Kurses" zu begrenzen.

Um sich nicht beim Aufbau seines Vermögens zu sehr mit Kauf- und Verkaufsorder und den daraus resultierenden Kosten beschäftigen zu müssen und damit Rendite einzubüßen, rate ich Ihnen, Anlagen erst ab einer Größenordnung von ca. 2.500,- EUR abzusichern.
Selbstverständlich steht es Ihnen frei diese Summe nach Ihrer persönlichen Situation und Vorliebe beliebig weit nach unten oder oben zu korrigieren.

Für **Wertpapiere** (Aktienfonds, -ETFs, Immobilienfonds, -ETFs, usw.), **die schon sehr gut gelaufen sind und deren Wert ich absichern möchte**, reduziere ich den „**Stopp Loss-Wert**" auf -10 % **vom aktuellen Kurs.**

Weniger hat sich in der Praxis nicht bewährt, weil sonst schon ungewöhnliche Tagesschwankungen oder eine kleine Schwächephase einen Verkauf auslösen würden.
Unser Ziel ist es ja, „die Gewinne laufen zu lassen", was so viel heißt, wie, einen sich gut entwickelnden Fonds möglichst lange zu halten und von dessen Wertentwicklung zu profitieren.

Den „**Limit**"-Kurs setze ich pauschal 2 % unterhalb meiner „Stopp Loss-Kurse".
Damit stelle ich sicher, dass ich mindestens den Wert zwischen „Stopp Loss" und „Limit" nach dem Unterschreiten von Ersterem erhalte.
Das Risiko, dass bei einem massiven Kurseinbruch (Crash) die Kurse so schnell fallen, dass mein „Limit" unterschritten wird ohne dass meine Anteile verkauft wurden, gehe ich ganz bewusst ein. In diesem Fall behalte ich meine Fonds-Anteile und sitze die Krise aus.

Haben Sie Ihren Depotbestand vor längerer Zeit mit „Stopp Loss Limit-Kursen" abgesichert und die Börsen weltweit haben sich seitdem gut entwickelt, denken Sie daran, regelmäßig zu kontrollieren, ob die „Stopp Loss Limit-Kurse" nicht nachgezogen werden müssen.

Nach „unten" habe ich meine „Stopp Loss Limit-Kurse" noch nie korrigiert. Das widerspricht meinem Verständnis der Absicherung.

Zusammenfassung

➤ **Wertpapieranlagen, welche wir weniger als zwei Jahre besitzen, bzw. die weniger als 15 % Rendite zum Kaufkurs erwirtschaftet haben, werden mit einem Stopp Loss-Kurs von -15 % zum aktuellen Kurswert bzw. vom Kaufkurs abgesichert.**

➤ **Wertpapiere, die schon sehr gut gelaufen sind und deren Wert wir absichern möchten, werden mit einem „Stopp Loss-Wert" von -10 % vom aktuellen Kurs abgesichert.**

➤ **Den „Limit"-Kurs setzen wir pauschal 2 % unterhalb unserer „Stopp Loss-Kurse".**

➤ **Prüfen Sie in regelmäßigem Abstand, ob Sie Ihre „Stopp Loss Limit-Kurse" der Wertentwicklung Ihrer Anlagen anpassen müssen.**

Sollten in einem Kurssturz oder Mini-Crash mehrere Ihrer „Stopp Loss-Kurse" greifen und Ihre Fonds verkauft werden, geraten Sie nicht in Panik. Sie haben damit Ihre Verluste begrenzt und bei lange gehaltenen und/oder gut gelaufenen Fonds Gewinne mitgenommen und können die nun vorhandenen Geldmittel, wie beim Rebalancing, dazu verwenden, günstig neue oder vermeintlich bessere Fonds zu kaufen, oder Ihre liebgewonnenen Papiere wieder zu einem niedrigeren Kurs erstehen.

9.6 Sparpläne

9.6.1 Besonderheit der Sparpläne

Sparpläne sind eine besondere, sehr bequeme und dabei dennoch effektive Art, sich über die Zeit ein Vermögen aufzubauen. Bei einem Sparplan wird automatisiert jeden Monat eine feste Summe in einen Aktien-Fonds, ETF, Immobilien-Fonds oder auch in andere Wertpapiere angelegt. Sparpläne kann man bei manchen Banken/Broker ab 25,- EUR, meistens jedoch ab 50,- EUR pro Sparrate, anlegen. Die Obergrenze einer monatlichen Sparrate bei der ING-DiBa beträgt 50.000,- EUR.

Neben der Sparrate kann man auch den Kaufzyklus variabel vorbestimmen. Bei der ING-DiBa können Sie (müssen aber nicht) zweimal im Monat, zum 1. und zum 15. jeden Monats, Fondsanteile automatisiert kaufen lassen. Verfügen Sie monatlich über eine kleinere Summe als die „Mindestsparplansumme" von z. B. 50,- EUR, oder ist Ihnen ein monatlicher Rhythmus (= 12-mal im Jahr, bzw. 24-mal im Jahr bei zweimaliger Abbuchung im Monat) zu viel, können Sie alternativ Ihren Sparplan auch mit einem zwei oder einem drei Monatsrhythmus besparen. Auch hier besteht die Möglichkeit einer Abbuchung zum 1. und/oder zum 15. des Monats.

Der große Vorteil von Sparplänen ist deren Flexibilität. Bei Online-Banken und -Broker kann man zudem seine Sparpläne jederzeit kostenlos aussetzen (d. h. mit dem Sparen aufhören), sollte mal eine Zeit lang kein Geld zur Verfügung stehen. Auch die Sparsumme und der Monatsrhythmus können jederzeit ohne Kosten geändert werden.

Wenn dann noch die Möglichkeit genutzt wird, in einen **kostenlosen Sparplan** zu investieren, kann mitunter eine bessere Rendite erwirtschaftet werden, als mit einem Einzelinvestment, bei dem in der Regel Ordergebühren anfallen.

Beispiel: Cost-Average Effekt bei Sparplänen mit monatlicher Abrechnung

Sparzeitraum Monat	Sparbetrag [EUR]	Fondskurs [EUR]	gekaufte Anteile	Gesamtwert [EUR]
1	100	100	1,00	100
2	100	75	1,33	175,00
3	100	50	2,00	216,67
4	100	50	2,00	316,67
5	100	25	4,00	258,33
6	100	50	2,00	616,67
7	100	50	2,00	716,67
8	100	75	1,33	1.175,00
9	100	100	1,00	1.666,67
10	100	150	0,67	2.600,00
11	100	120	0,83	2.180,00
12	100	100	1,00	1.916,67
Stand nach 12 Monaten	1.200	100	19,17	1.916,67
Einmalanlage zum 1. Monat	1.200	100	12,00	1.200,00
Einmalanlage zum 5. Monat	1.200	100	48,00	4.800,00

Tabelle 14: Der Cost-Average Effekt

Ergebnis:

Mit einem monatlichen Sparplan von 100,- EUR/Monat haben wir im Laufe eines Jahres 1.200,- EUR investiert und dafür 19,17 Fondsanteile erhalten, die nach Ablauf des Jahres 1916,67 EUR Wert sind.

Hätten wir die 1.200,- EUR Sparanteil als Einmalinvestment direkt im ersten Monat investiert, hätten wir 12 Fondsanteile erhalten, welche nach Ablauf des Jahres (nach einigen Wertschwankungen) genau wieder, oder immer noch 1.200,- EUR Wert sind.

⇨ **Hier war der Sparplan effektiver und erwirtschaftete 716,67 EUR mehr im Jahr.**

Rufen Sie sich noch einmal das **Zinseszins-Beispiel von Kai und Abel** aus Kapitel 1.1 ins Gedächtnis. Kai hat mit einem Sparplan über 10 Jahre jeden Monat 200,- EUR in einen ETF MSCI World gespart, bis er aufhörte und die ETF-Anteile 39 Jahre lang liegen ließ. **Belohnt wurde diese Ausdauer mit über 1,1 Mio. EUR Gesamtvermögen bei gerade mal 24.000,- EUR angesparten Eigenkapital. Das sind über 1 Mio. EUR an Zinsen!**

Das sollte doch auch für Sie Ansporn genug sein, mindestens über 10 Jahre hinweg Geld in einen Sparplan zu investieren. Anschließend können Sie immer noch entscheiden, ob Sie den Sparplan weiter laufen lassen, in einen anderen/neuen Sparplan investieren, oder, wie Kai aus unserem Beispiel, Ihre Fondsanteile einfach liegen lassen und den Zinseszinseffekt für sich arbeiten lassen.

Der große Vorteil eines langfristig angelegten Sparplans ist der sogenannte **Cost-Average-Effekt** (siehe Beispiel Tabelle 14 oben), der besagt, dass es im langfristigen Mittel vorteilhafter ist, über einen langen Zeitraum regelmäßig eine feste Summe in Aktien-Fonds oder ETFs zu investieren, anstatt bei einem mittleren oder hohen Kurs eine größere Summe als „Einmalinvestment" in den gleichen Fonds anzulegen.

Der Vorteil einer regelmäßigen Sparplansumme liegt darin, dass, abhängig vom jeweiligen Börsenkurs, bei fallenden Kursen mehr Anteile und bei steigenden Kursen weniger Wertpapieranteile gekauft werden.

Merke:

➢ Bei einem Sparplan wird regelmäßig eine feste Summe gespart. Die Fondsanteile werden dabei auch „gestückelt", d. h. in Teilen kleiner Eins, ausgegeben.

➢ Bei einer Einmalanlage können nur „ganze Stücke" erworben werden.

Bei all den Vorteilen eines Sparplanes möchte ich aber nicht darüber hinwegtäuschen, dass ein Einzelinvestment mit einer größeren Summe bei Tiefst- bzw. Niedrigkursen jeden Sparplan schlägt.

➢ Im Beispiel Tabelle 14: Der Cost-Average-Effekt, weiter oben, sieht man dann auch, dass, wären wir beim Börsen-Tiefststand von 25,- EUR je Anteil im 5. Monat mit unseren 1.200,- EUR als Einmalinvestment eingestiegen, hätten wir am Ende des Jahres satte 4.800,- EUR an Fondswert erwirtschaftet.

Das bedingt aber auch, dass man

1. zu diesem Zeitpunkt das Kapital frei zur Verfügung hat,

2. auch wirklich einen günstigen Einstiegszeitpunkt (= Tiefpunkt) trifft und

3. kein Einzelinvestment tätigt, wenn die Aktienkurse gerade weltweit am Steigen sind.

Mitunter wartet man Jahre bis zur nächsten Krise, um günstig mit einem Einzelinvestment einzusteigen.
In dieser Situation sollte man dann doch die Möglichkeit des Sparplan-Investments nutzen!

➢ **Nicht zu investieren, weil man auf einen guten Zeitpunkt wartet, ist der größte Fehler!**
(Siehe auch die Erläuterungen zur Inflation und dem Kaufkraftverlust zu Beginn von Kapitel 8.)

Merke:
Sparpläne eignen sich zum regelmäßigen Sparen und in Phasen in denen die Aktienmärkte hoch bewertet sind.
Einzelinvestments bevorzugen wir nach einem Abschwung (Kurssturz), bzw. wenn der Aktienmarkt gerade schlecht bewertet ist.

9.6.2 Wie lege ich einen Sparplan an?

Melden Sie sich bei Ihrem Online-Broker/Ihrer Online-Bank an und klicken Sie im Falle der ING-DiBa auf „**Direkt-Depot**" in der Rubrik „*Investieren*".
Anschließend wählen Sie aus der Menüleiste unterhalb der Überschrift „*Depotbewertung*" den Befehl „**> Wertpapier-Sparen**".

Es öffnet sich das Fenster „**Wertpapier-Sparen**" mit dem Eingabefeld „**Wertpapier auswählen**". Hier geben Sie die WKN, ISIN oder den Namen des Wertpapiers ein, für das Sie einen Sparplan anlegen möchten.
Wie im „Kapitel 9.3 Ein Wertpapier kaufen", beschrieben, empfehle ich Ihnen die Eingabe der WKN (= **W**ertpapier-**K**enn-**N**ummer).

Idealerweise haben Sie sich vorher informiert, für welches Wertpapier Sie einen Sparplan anlegen möchten und ob für dieses Wertpapier bei Ihrem Anbieter auch eine Sparplan-Anlage unterstützt bzw. angeboten wird.

Tipp:
- Viele Anbieter bieten kostenlose Sparpläne ohne Zusatzkosten an.
Vielleicht ist ja auch Ihr Anbieter dabei.

- Bei den Aktienfonds und ETF-Vorschlägen in diesem Buch befindet sich auch ein Hinweis „sparplanfähig", welcher zum Zeitpunkt der Bucherstellung für die ING-DiBa galt.

Anschließend klicken Sie auf „**Übernehmen**" rechts neben dem Eingabefeld und gelangen so zu der Eingabemaske für einen Sparplan.
Hier wird das von Ihnen gewählte Wertpapier mit Name, ISIN und WKN aufgeführt.
Diese Angaben sollten Sie vor dem Festlegen des Sparplanes kontrollieren, um sicher zu sein, dass Sie auch das richtige Wertpapier besparen.

Darunter erfolgt eine Info über die Kosten, gefolgt von einem Eingabefeld für die Sparrate.
Wie im vorherigen Kapitel beschrieben, können Sie monatlich, alle zwei Monate oder vierteljährlich, jeweils zum 1. oder zum 15. Ihren Sparplan-Fonds kaufen.

Nach Angabe des Starttermins (Eingabefeld rechts von „Beginnend ab") und der Festlegung des Zahlungsweges

→ **Lastschrifteinzug vom Referenzkonto**, oder
→ **Abbuchung vom Verrechnungskonto** (= Extrakonto)

gelangen Sie mit einem Klick auf „> **Übernehmen**" auf eine neue Seite, welche Ihre Eingaben zusammengefasst anzeigt.

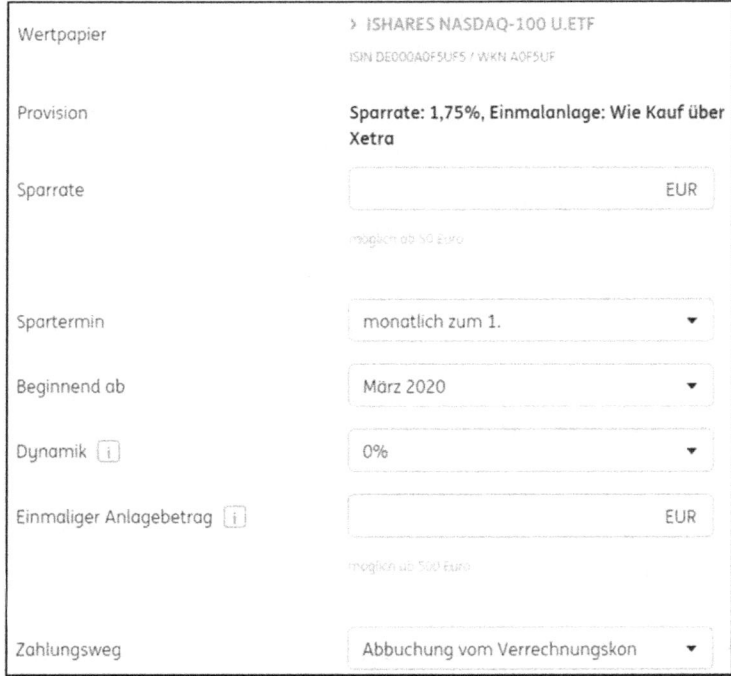

Bild 4: Eingabemaske zum Sparplan bei der ING-DiBa

Kontrollieren Sie noch einmal Ihre Angaben und schließen Sie mit Eingabe der iTAN-Nummer aus Ihrer TAN-Liste den Vorgang ab.

Tipp:
Planen Sie mehrere Sparpläne anzulegen, können Sie, wie schon weiter vorne beschrieben, die **"Session-iTAN"** anklicken, so dass Ihre iTAN für mehrere Aufträge genutzt wird.

Noch einmal zurück zur Eingabemaske des Sparplans:
Mit den Eingabefeldern **"Dynamik"** und **"Einmaliger Anlagebetrag"** haben Sie zusätzlich die Möglichkeit die Sparrate automatisiert jedes Jahr um einen festen Prozentsatz erhöhen zu lassen und zusätzlich zur ersten Sparrate einen Einmalbetrag zu investieren.
Kann man nutzen, muss man aber nicht.

Wichtiger, aus strategischer Sicht zum eigenen Vermögensmanagement, ist die letzte Wahlmöglichkeit zum **"Zahlungsweg"**.
Wie weiter oben beschrieben, haben Sie hier die Möglichkeit zur Eingabe von

→ **Lastschrifteinzug vom Referenzkonto**, oder
→ **Abbuchung vom Verrechnungskonto** (= Extrakonto).

Hier empfehle ich Ihnen aus psychologischen Gründen am Anfang jeden Monats die Geldsumme, die Sie in Ihre Sparpläne stecken möchten, von Ihrem Girokonto auf das Depot-Verrechnungskonto, bei der DiBa "Extrakonto" genannt, zu überweisen.

Damit ist das Geld weg von Ihrem Girokonto, nicht mehr in Ihrem Blickfeld und wird somit von Ihnen auch nicht für andere Ausgaben eingeplant.

Da Sie nun das Geld für die Sparplanraten auf Ihrem Depot-Verrechnungskonto (= Extrakonto) liegen haben, müssen Sie für das Feld „**Zahlungsweg**" die Einstellung „**Abbuchung vom Verrechnungskonto**" wählen.

Tipp:

Planen Sie 100,- EUR oder mehr im Monat in Ihren Sparplan zu investieren, empfehle ich Ihnen, die Sparrate zu halbieren und statt eines Sparplanes zum 1. oder 15. des Monats zwei Sparpläne für das Wertpapier anzulegen:

⇨ **Ein Sparplan mit halber Sparrate zum 1. jeden Monats und**

⇨ **einen zweiten Sparplan mit halber Sparrate zum 15. jeden Monats.**

9.7 Wo bekomme ich die Informationen her?

Sie haben sich bestimmt schon die ganze Zeit gefragt, wo bekommt der denn die ganzen Informationen über die Aktien-Fonds, ETFs, Immobilien-Fonds, usw. her?

Hierzu kann ich Ihnen **zwei Tipps** geben:

1. **Halten Sie die Augen offen!**
   Wann immer Aktien-Fonds, ETFs, Immobilien-Fonds, usw. in den öffentlichen Medien besprochen oder empfohlen werden, gehe ich hin und schaue mir, unter Eingabe der WKN, das Informationsangebot dieses Wertpapieres auf der Internetseite meines Lieblingsbrokers oder meiner Lieblingsbank an.

   Über die Jahre habe ich mir einen Ordner mit mehreren Themenbereichen angelegt, die mich interessieren. Dadurch kann ich das neue Wertpapier mit den Wertpapieren in meinem Ordner vergleichen und dazu heften, wenn ich es interessant finde.

   Ferner bieten mittlerweile auch viele Banken und Broker, ähnlich wie Amazon, über Querverweise die Möglichkeit, sich über weitere Fonds zu informieren. Nutzen Sie diese Querverweise.

2. **Glauben Sie keinem Börsenmagazin!**
   Meine Erfahrung mit den sogenannten „Fachmagazinen" ist die, dass meistens das Gegenteil von dem eingetroffen ist, was als sogenannter „Geheimtipp" vorgeschlagen wurde. Salopp ausgedrückt, könnte man daraus ableiten: Kaufen Sie, wenn die Fachpresse Ihnen rät zu verkaufen und verkaufen Sie die Papiere, die Ihnen in der Fachpresse gerade als „Kauf" angepriesen werden.

   Dazu rate ich Ihnen aber ausdrücklich nicht.

   Richten Sie Ihre Kauf- und Verkaufsentscheidungen nicht nach der „Fachpresse".

   Beobachten Sie die Märkte, sammeln Sie Informationen, nutzen Sie die Tipps aus diesem Büchlein und entscheiden Sie dann mit Ihrem gesunden Menschenverstand.

Wenn die Autoren dieser o. g. Fachartikel wirklich so allwissend sind, sollten Sie Ihre Millionen verdient haben und hätten es nicht nötig in den einschlägigen Magazinen zu publizieren.

Denken Sie mal darüber nach.

10. Gold

10.1 Goldkauf

Für den Goldkauf gilt ab 2020 ein auf 1999,99 EUR reduzierter Freibetrag für sogenannte Tafelgeschäfte. Ein Tafelgeschäft beschreibt einen Eigentümerwechsel von Wertgegenständen, hier Gold, ohne dass die Personalien des Käufers festgehalten werden. Der Wertgegenstand (Gold) wird über den Tresen (den Tisch oder die Tafel) geschoben und bar bezahlt.
Bis zum 31.12.2019 war die Freigrenze für ein Tafelgeschäft auf 9.999,99 EUR festgelegt.

Jeder Händler, der ab 2020 für Barverkäufe über dem gültigen Freibetrag nicht die Personalien des Käufers festhält, macht sich strafbar.

Offiziell wurde die Freigrenze reduziert, um die Kriminalität zu bekämpfen, bzw. den Schwarzmarkt und den Schwarzgeldhandel einzuschränken.

Unabhängig, wie wirkungsvoll die neue Regelung sein wird, wir haben nichts zu verbergen und der Besitz von Gold, auch in größeren Mengen, ist nicht verboten.

Wenn ich von „größeren Mengen" im privaten Bereich spreche, meine ich sämtliche Bestände kleiner 1 kg. Der überwiegende Teil privater Goldkäufe dürfte sich zwischen 1/10 Unze (1 Unze (oz) Gold = 31,1 g) über 1 Unze (= Anleger-Münze, z. B. Krügerrand) bis hin zu 100 g Barren (Anleger-Barren) bewegen.

Das beim Erwerb dieser Mengen die Personalien des Käufers erfasst und gespeichert werden ist ärgerlich, mitunter auch umständlich, aber legal nicht zu umgehen.

Auch wer mit einer größeren Summe ein Auto oder eine Immobilie erwirbt, kann dies nicht anonym machen, da größere Überweisungen von den Banken automatisiert an das Finanzamt gemeldet werden.

Bestehen Sie auf Ihre Anonymität, bleibt Ihnen bei einem Freibetrag von 1.999,99 EUR nur noch die Möglichkeit, Anlage-Münzen bis 1 oz oder kleine Barren bei einem Edelmetallhändler vor Ort zu erwerben.

Nachteil:
Kleine Stückelungen sind im Vergleich zu größeren Stücken, wie z. B. 100 g Barren, teuer.

Vorteil:
Kleine Stückelungen sind ideal um in Notzeiten liquide zu bleiben.

Möchten Sie größere Stücke als Investment zur Absicherung Ihres Vermögens erwerben, können Sie diese auch bei einem seriösen Edelmetallhändler im Internet, ganz bequem von zu Hause aus, bestellen.

Seriöse Internet-Edelmetallhändler mit Filialen in verschiedenen Städten sind z. B.

- https://www.degussa-goldhandel.de
- https://www.proaurum.de
- https://ophirum.de

und viele andere.

Weitere Infos, sowie eine Übersicht über den aktuellen Goldpreis in Euro und in Dollar (Gold wird international in US-Dollar gehandelt) finden Sie auf https://www.gold.de

Bei einem Edelmetallhändler im Internet melden Sie sich einmalig an, füllen den Warenkorb mit den Gold-, Silber- Platin- oder anderen Edelmetallwerten, denen Sie für die Zukunft eine Wertstabilität (= Kaufkraftstabilität) oder sogar eine Wertsteigerung zutrauen und schließen die Bestellung ab.

Die Lieferung erfolgt in der Regel wertabhängig im Rahmen eines versicherten Versandes.

Bitte bedenken Sie vor dem Gold- bzw. Edelmetallkauf:

> **Gold und andere Edelmetalle erwirtschaften keine Zinsen (Rendite), schützen aber vor Kaufkraftverlust und Inflation.**

10.2 Verkauf von Gold

Gold und andere Edelmetalle sind nicht so einfach zu verkaufen, wie Aktien, Aktien-Fonds, ETFs oder andere Wertpapiere.

Möchten Sie Ihre Gold- und Edelmetallbestände wieder zu Geld machen, müssen Sie sich persönlich zu einem Edelmetallhändler begeben.

Zudem gibt es bei Gold und Edelmetallen einen Abschlag auf den Verkaufspreis, d. h. eine Privatperson zahlt für den Kauf von Gold und Edelmetallen einen höheren Preis, als sie, bei gleichem Kurs, für den Verkauf derselben Menge vom Händler erhalten würde. An diesem Preisunterschied verdient der Edelmetallhändler.

Hinweis:

➢ Beim Verkauf Ihrer Goldbestände, und seien sie auch im Wert kleiner als die gesetzliche Freigrenze von 1.999,99 EUR für Tafelgeschäfte, müssen Sie sich beim Edelmetallhändler ausweisen. Dazu ist jeder seriöse Händler verpflichtet. Spätestens jetzt fällt Ihre Anonymität dem deutschen Geldwäschegesetz zum Opfer.

➢ Für die Aufbewahrung Ihres Goldes und Ihrer Edelmetalle rate ich zu einem Bankschließfach, zu dem Sie im besten Falle zu jeder Tages- und Nachtzeit Zutritt haben.
Ansonsten sind Sie auf die Öffnungszeiten Ihrer Bank bzw. des Schließfachverwalters angewiesen.
Bedenken Sie auch, dass für das Schließfach eine jährliche Miete anfällt.

11. Steuern

Bitte denken Sie daran, Ihre gesamten Zinsen, Dividenden und Kursgewinne aus Wertpapiergeschäften in der Anlage KAP im Rahmen Ihrer jährlichen Einkommensteuerabrechnung dem Finanzamt mitzuteilen.

In der Regel erhalten Sie im Monat März des darauffolgenden Jahres die Steuerbescheide Ihrer Bank(en) und Wertpapierbroker mit einer mehr oder weniger übersichtlichen Zusammenstellung Ihrer Gewinne und Verluste, sowie der schon geleisteten steuerlichen Abgaben.

Hinweis:

Ordergebühren, Börsenentgelte, Provisionen, Depotkosten, Kontogebühren usw. rechne ich den „Verlusten" zu und ziehe diese von meinen Gewinnen ab.

Idealerweise erstellen Sie sich eine Übersicht und rechnen die Beträge der einzelnen Kategorien der Steuerbescheide aller Kreditinstitute, bei denen Sie Kunde sind zusammen und tragen die Summen in die entsprechende Stelle der Anlage KAP der Einkommensteuerabrechnung ein.
Hierbei sind 801,- EUR pro Person (= 1.602,- EUR bei zusammenveranlagten Ehepaaren) kapitalertragssteuerfrei.

Tipp:

Stellen Sie bei Ihrer Bank bzw. Ihren Banken einen Freistellungsauftrag über 801,- EUR pro Person.
Die Summe von 801,- EUR pro Person dürfen Sie auch auf verschiedene Banken nach Belieben verteilen. Achten Sie aber darauf, den Gesamtbetrag von 801,- EUR pro Person als Gesamtbetrag für alle Banken und Broker nicht zu überschreiten.

Alle Einkommen (Zinsen, Dividenden, Kursgewinne) oberhalb dieses Freibetrages von 801,- EUR pro Person unterliegen der sogenannten Kapitalertragssteuer, welche auch Abgeltungssteuer genannt wird. Diese sorgt dafür, dass alle Einkommen oberhalb des Freibetrages pauschal mit 25 % plus Solidaritätszuschlag (5,5 % vom Abgeltungssteuerbetrag) und plus persönlichen Kirchensteuersatz (8 % bzw. 9 % vom Abgeltungssteuerbetrag) zu versteuern sind. In der Regel werden diese Abgaben direkt von der depotführenden Bank einbehalten und an das Finanzamt weitergeleitet.

Seit dem 1. Januar 2018 gilt ein neues Investmentsteuergesetz, welches dafür sorgt, dass Sie zu Beginn jedes Jahres eine sogenannte Vorabpauschale an das Finanzamt zahlen müssen. Diese wird von Ihrem depothaltenden Kreditinstitut bzw. Wertpapierhändler (= Broker) automatisch an das Finanzamt abgeführt.

Keine Panik! Die Summen der Vorabpauschalen halten sich in Grenzen und solange sie unter der Summe Ihres Freistellungsauftrages liegen, werden keine Steuern abgeführt. Achten Sie trotzdem sorgfältig darauf, dass zum Jahreswechsel alle Ihre Verrechnungskonten mit einem Guthaben von ca. 250,- EUR ausgestattet sind, um bei etwaigen Steuerabzügen Überziehungszinsen zu vermeiden.

Hinweis:

Ärgerlich, denken Sie sich jetzt bestimmt, dass ich auf meine Gewinne auch noch Steuern zahlen muss. Hier kann ich Sie aber trösten. Es könnte schlimmer sein. Mieteinnahmen aus Immobilienbesitz sind mit dem persönlichen Steuersatz zu versteuern, welcher sehr schnell auch über 25 % liegen kann.
Bei diesem Aspekt haben Aktien und andere Wertpapiere noch einen kleinen Vorteil gegenüber dem Immobilienbesitz.

Im Zweifel wenden Sie sich an einen Steuerhilfeverein oder einen Steuerberater, welche Ihnen, gegen eine entsprechende Gebühr, bei Ihrer Einkommensteuererklärung behilflich sind.

12. Schlusswort

Ab dem Alter von 55 Jahren sollten Sie so langsam anfangen an Sicherheit zu denken und Ihre Vermögensanlage vom „wachstumsorientierten" **Aufbau-Depot** umschichten in das „werterhaltende" **Sicherheits-Depot**. Dies muss nicht zu einem Stichtag geschehen, sondern kann kontinuierlich über mehrere Jahre erfolgen.

Bei all dem „Sparen": Bitte vergessen Sie nicht zu leben!

Sollten Sie schon in jungen Jahren angefangen haben, sich um Ihr Vermögen zu kümmern und haben in Aktien-Fonds und ETFs investiert, haben Sie alles richtig gemacht. Gratulation!

Deshalb denken Sie spätestens jetzt, mit 50 bzw. 55 Jahren daran, das Leben zu genießen!

Gönnen Sie sich etwas! Reisen Sie! Dabei darf es dann auch ruhig etwas luxuriöser zugehen.

Erfüllen Sie sich einen langgehegten Wunsch – noch sind Sie nicht zu alt für den ersehnten Sportwagen –, oder verwenden Sie etwas von dem Geld, das Sie angespart haben für einen guten Zweck. Spenden Sie, oder unterstützen Sie gemeinnützige Aktivitäten in Ihrer Gemeinde. Sie werden überrascht sein, wie viel Freude es macht, andere Menschen zu unterstützen und glücklich zu sehen.

> **Das Schöne an den Aktien ist,
> dass man 1000 % gewinnen kann,
> aber höchstens 100 % verlieren!**
>
> unbekannter Autor

In diesem Sinne,

bleiben Sie gesund, geistig und körperlich fit und immer neugierig!

Ihr

Mike Mac Money

13. Noch eine Bitte

Danke, dass Sie sich für den Kauf meines Taschenbuches „**Mit 200,- EURO im Monat zur Million**" entschieden haben.

Hat Ihnen der Inhalt und die Erzählweise gefallen, bitte ich Sie um eine ehrliche Rezension auf der Amazon-Seite dieses Buches. Produktrezensionen sind die Basis für den Erfolg guter Bücher. Sie helfen den Käufern in ihrer Kaufentscheidung und geben mir als Autor ein Feedback, welches ich zur Verbesserung meiner Bücher nutzen kann.
Natürlich freue ich mich über jede positive Bewertung, nehme aber auch konstruktive Kritik dankbar an.

Ich hoffe, dass ich Ihnen mit diesem Buch neue Informationen und Denkweisen liefern konnte.
Mein Ziel hätte ich erreicht, wenn ich Sie dazu motivieren konnte, Ihre persönliche Vermögensplanung zu überdenken und Sie sich eine Strategie für Ihre zukünftige Geldanlage erarbeitet haben. Wenn Sie darüber hinaus sogar aktiv werden und z. B. ein Depot eröffnen, um zukünftig von der Entwicklung des Aktienmarktes zu profitieren, würde mich das sehr freuen.

In diesem Falle empfehlen Sie mich bitte weiter.

Vielen Dank!

Mike Mac Money

14. Haftungsausschluss und Angaben nach § 34 b WpHG

Hiermit weise ich darauf hin, dass alle Angaben und Informationen in diesem Buch erklärender Natur sind und keine Anlageberatung darstellen!

Des Weiteren sind alle Anlagevorschläge als Beispiele zu verstehen um die Information praxistauglicher zu gestalten. Ich werde weder bezahlt, gesponsert oder stehe auch sonst in keinem Verhältnis zu den von mir genannten Fondsgesellschaften, Banken und Broker.

Die Umsetzung der im vorliegenden Buch enthaltenen Informationen erfolgt ausdrücklich auf eigenes Risiko.

Das Buch gibt meine persönliche Meinung wieder und kann als Anleitung zur Geldanlage verwendet werden. Es ist jedoch keine Garantie für Erfolge und verhindert schon gar nicht mögliche Verluste.

Der Autor übernimmt daher keine Verantwortung für die Entwicklung der im Buch beschriebenen Anlagestrategien und der beispielhaft genannten Anlageprodukte.

Haftungsansprüche (Rechts- und Schadenersatzansprüche jeglicher Art) gegen den Autor für Schäden materieller und ideeller Art, die durch die Nutzung oder Nichtnutzung der Informationen in diesem Buch bzw. durch die Nutzung fehlerhafter und/oder unvollständig wiedergegebener Informationen verursacht wurden, sind grundsätzlich ausgeschlossen.

Das vorliegende Buch inklusive aller Inhalte wurde unter größter Sorgfalt erstellt. Der Autor übernimmt jedoch keine Gewähr und keine Haftung für die Korrektheit, Vollständigkeit, Aktualität und Qualität der bereitgestellten Informationen. Druckfehler, als auch fehlerhafte Informationen können nicht vollständig ausgeschlossen werden.

Es wird keine juristische Verantwortung, sowie Haftung in irgendeiner Form, für fehlerhafte Angaben und den daraus entstandenen Folgen übernommen.

Für die Inhalte der in diesem Buch genannten Internetseiten sind ausschließlich die Betreiber der jeweiligen Internetseiten verantwortlich. Der Autor hat keinen Einfluss auf die Gestaltung und Inhalte fremder Internetseiten.
Der Autor distanziert sich deshalb von allen fremden Inhalten.

Anlageprodukte jeglicher Art sind immer mit Risiken behaftet!
Der Text, die Tabellen und Diagramme, sowie die Hinweise, Informationen, Tipps und Empfehlungen (Ratschläge) in diesem Buch stellen keine Anlageberatung dar!
Sie entstammen meiner eigenen Erfahrung und wurden nach bestem Wissen und Gewissen aus öffentlich zugänglichen Quellen übernommen.

Alle zur Verfügung gestellten Informationen (Gedanken, Prognosen, Kommentare, Erfahrungsberichte, Hinweise, Beispiele, Ratschläge, Tabellen, Diagramme, Tipps, usw.) dienen allein der Meinungsbildung und der privaten Unterhaltung.
Eine Haftung für die Richtigkeit dieser Informationen wird nicht übernommen.

Sollten die Leser dieses Buches und der darin angegebenen Internetseiten sich die angebotenen Inhalte zu eigen machen und den darin aufgeführten Ratschlägen folgen, so handeln sie darin eigenverantwortlich und auf eigenes Risiko.

In diesem Buch erfolgt keine Beratung bzgl. Steuern und Abgaben. Jeder Anleger hat selbst dafür Sorge zu tragen, dass er seine Einnahmen und Ausgaben (Gewinne und Verluste) im Rahmen seiner Steuererklärung rechtskonform abrechnet. Allen Anlegern wird deshalb empfohlen, sich über die steuerlichen Rechte, Pflichten und Folgen bei Erwerb, Halten und Veräußerung von Investmentanlagen fachmännisch von, z. B. einem Steuerhilfeverein oder einem Steuerberater, beraten zu lassen.

Es sei ausdrücklich darauf hingewiesen, dass sich die in diesem Buch vorgeschlagenen Anlageprodukte ändern können (Änderung der Anlagestrategie und/oder Kosten durch die Fondsgesellschaft, der Bank oder dem Broker) und dass diese durch Änderung der Weltwirtschaftssituation, als auch durch Wettbewerb mit anderen Anlageprodukten, an Attraktivität verlieren können.

06. Juni 2020

Mike Mac Money

15. Impressum

Mit 200,- EURO im Monat zur Million
Vermögensaufbau in der Niedrigzinsphase

1. Auflage, 06.06.2020

© 2020 Dirk Rennecke alias Mike Mac Money
Weitersfelder Str. 11, 56626 Andernach

Umschlaggestaltung, Illustration:	Dirk Rennecke
Lektorat, Korrektorat:	Dirk Rennecke
Bilder:	pixabay.com

ISBN Taschenbuch:	979-8-650-08886-8
ASIN Kindle eBook:	B089G6F79V

Kontakt: MikeMacMoney@gmx.de

Das Werk, einschließlich seiner Tabellen, Grafiken und Diagramme, ist urheberrechtlich geschützt. Jede Verwertung ist ohne Zustimmung des Autors unzulässig. Dies gilt insbesondere für die elektronische oder sonstige Vervielfältigung, Übersetzung, Veränderung, Verbreitung und öffentliche Zugänglichmachung des vorliegenden Werkes oder auch nur von Teilen desselben.

16. Quellenverzeichnis

- **Bilder:** pixabay.com
  Coverbild   = courses-2318039__340.jpg
  Beispiel 2   = joy-1078270__340.jpg
  Aufbau-Depot   = white-male-2064876__340.jpg
  Sicherheits-Depot   = euro-1020094__340.jpg
  Konkreter Anlagevorschlag = cash-2395782__340.jpg
  Gold   = bitcoin-2714196__340.jpg

- **Internet**
  - Wikipedia.de
  - finanztip.de
  - boerse.de
  - onvista-bank.de
  - ing.de

- **und ganz viel eigene Erfahrung**

17. persönlicher Büchertipp

- Stefan Schumm: **16 Geheimnisse über Geld, die Du wissen solltest**
  Finanzielle Prinzipien & Weisheiten erfolgreicher Investoren
  1. Auflage 2018
  ASIN: B07H72NCZC, Kindle eBook
  ISBN-13: 978-1-7201-8501-7, Taschenbuch

- Gottfried Heller: **Die Revolution der Geldanlage**
  Wie Sie mit einfachen Methoden erfolgreich investieren
  2. Auflage 2018, FinanzBuch Verlag
  ASIN: B0787K4JLM, Kindle eBook
  ISBN-13: 978-3-9597-2373-2, Gebundenes Buch

- Dieter Homburg: **Altersvorsorge für dummies**
  1. Auflage 2017, WILEY-VCH Verlag GmbH & Co. KGaA, Weinheim
  ASIN: B075MSXYJZ, Kindle eBook
  ISBN-13: 978-3-5277-1332-5, Taschenbuch

- Stiftung Warentest: **Anlegen mit ETF**
  ASIN: B07CJF2B21, Kindle eBook
  ISBN-13: 978-3-8685-1295-3, Broschiertes Buch

- Christopher M. Klein: **Die Faulbär-Strategie zur Million**
  Aktualisierte & erweiterte 2. Auflage 2019
  ASIN: B0751MFVWN, Kindle eBook
  ISBN-13: 978-3-9669-8043-2, Taschenbuch

www.ingramcontent.com/pod-product-compliance
Lightning Source LLC
Chambersburg PA
CBHW052354220526
45465CB00003BA/1100